# 大学体育与健康信息化教程

主　审：王旭惠
主　编：连远斌　张乐为
副主编：程新年　郑顺新　连波杰　何丽琴　钟晓雄
参　编：巫会朋　张　翼　林桂生　郑燕武　邓耀明
　　　　林秋生　曾喜佳　纪连奎　郑　骋

北京理工大学出版社
BEIJING INSTITUTE OF TECHNOLOGY PRESS

**版权专有　侵权必究**

## 图书在版编目（CIP）数据

大学体育与健康信息化教程/连远斌，张乐为主编. —北京：北京理工大学出版社，2018.11（2023.8 重印）

ISBN 978-7-5682-3207-4

Ⅰ. ①大… Ⅱ. ①连…②张… Ⅲ. ①体育-高等学校-教材②健康教育-高等学校-教材 Ⅳ. ①G807.4②G647.9

中国版本图书馆 CIP 数据核字（2018）第 261943 号

出版发行 / 北京理工大学出版社有限责任公司
社　　址 / 北京市海淀区中关村南大街 5 号
邮　　编 / 100081
电　　话 / （010）68914775（总编室）
　　　　　（010）82562903（教材售后服务热线）
　　　　　（010）68944723（其他图书服务热线）
网　　址 / http://www.bitpress.com.cn
经　　销 / 全国各地新华书店
印　　刷 / 三河市天利华印刷装订有限公司
开　　本 / 787 毫米×1092 毫米　1/16
印　　张 / 18
字　　数 / 425 千字
版　　次 / 2018 年 11 月第 1 版　2023 年 8 月第 10 次印刷
定　　价 / 44.20 元

责任编辑 / 梁铜华
文案编辑 / 梁铜华
责任校对 / 杜　枝
责任印制 / 施胜娟

图书出现印装质量问题，请拨打售后服务热线，本社负责调换

# 前言
## preface

  大学公共体育课程是高等教育的重要组成部分，担负着增强学生体质、增进学生健康、促进学生身心全面发展、培养良好的道德品质、提高运动技术水平、养成自觉锻炼的习惯、奠定终身体育的基础等重任。党的二十大报告指出："人民健康是民族昌盛和国家强盛的重要标志。"为此，作为新时代的大学生，要以普及健康生活、优化健康服务、完善健康保障、建设健康环境、发展健康产业为重点，加快推进健康中国建设，努力全方位、全周期维护和保障人民健康，大幅提高人民健康水平。根据中共中央、国务院《关于进一步加强和改进新时期体育工作的意见》和教育部《全面普通高等学校体育课程教学指导纲要》的精神，推动"亿万学生阳光体育运动"的开展，深入贯彻"健康第一、终身体育"的指导思想，结合《国家中长期教育改革和发展规划纲要（2010—2020年）》和教育部《教育信息化十年发展规划（2011—2020年）》确定的教育信息化目标任务，为全面深入推进"十三五"教育信息化工作，加快建设广东的职业教育信息化体系，我们在广泛参考优秀教材的基础上，结合本学校公共体育开设的实际情况，编写了这本集理论与实践于一体的信息化公共体育教材。

  《大学体育与健康信息化教程》共19章，分理论篇和实践篇，其中理论篇4章，主要介绍高等学校体育概述、大学生体质健康标准、体育保健与卫生常识及运动竞赛与竞赛编排等内容；实践篇15章，主要介绍各种体育运动技能，包括田径、篮球、足球、排球、乒乓球、羽毛球、网球、毽球、武术、太极拳、跆拳道、游泳、健美操、瑜伽及花式跳绳等。本书最大的创新特色为信息化，即以"互联网+"为载体，将高校公共体育教材与"互联网+"有机结合，利用各种互联网工具作为课程的资源进行开发，丰富高校公共体育课程的资源内容，为学生提供一种开放式的学习环境，实现体育课堂教学的有效延伸；本教材给学生的学习提供直观的视频指导，供学生课后复习和自主学习，依托"互联网+"网络平台来实现体育教师与学生之间的有效沟通和相互评价，构建起一个立体的教与学平台。在内容编排上，注重实用性和新颖性，突出趣味性和可读性；内容丰富，难度适中，详略得当，学习方法多样；版面设计活泼、图文并茂、以图解文、形象直观、简明易懂。

本教材由揭阳职业技术学院艺术与体育系体育教研室连远斌、张乐为担任主编；副主编依次是程新年、郑顺新、连波杰、何丽琴、钟晓雄；参编人员有巫会朋、张翼、林桂生、郑燕武、邓耀明、林秋生、曾喜佳、纪连奎、郑骋。具体分工如下：连远斌拟定编写大纲，编写第一章、第三章、第十六章，张乐为编写第六章、第十一章，程新年编写第二章、第十九章，郑顺新编写第四章、第八章，连波杰编写第十七章，何丽琴编写第十八章，巫会朋编写第十章，钟晓雄编写第十四章，纪连奎辅助编写第八章，张翼编写第七章，邓耀明编写第十五章，林桂生编写第十三章，郑燕武编写第九章，林秋生编写第五章，曾喜佳编写第十二章，郑骋辅助编写第十三章。教材在编写过程中，得到了本校领导、师生及社会有关人士的大力支持与帮助，如揭阳跆拳道教练邵四九、羽毛球教练李东阳、瑜伽教练刘英、沈冬妹等，在此深表谢意！

新型体育教材的编写是高校公共体育教育教学改革的一次新的尝试。本教材是编者在新形势下对信息化教材的一种探索性创新，因此需要有一个不断改进和提高的过程。受编者水平所限，书中难免存在错误或不妥之处，恳请广大师生及读者在使用本教材时给予批评指正，并将改进意见及时反馈给我们，以便下次修订时加以完善。

编　者

## 理 论 篇

### 第一章 高校体育 ………………………………………………………………… 3
第一节 高等学校体育概述 …………………………………………………… 3
第二节 高职体育的本质属性与职业素质培养 ……………………………… 5

### 第二章 大学生体质健康标准 …………………………………………………… 8
第一节 《国家学生体质健康标准》说明 ……………………………………… 8
第二节 《国家学生体质健康标准》项目及评价指标 ………………………… 9

### 第三章 体育保健与卫生常识 …………………………………………………… 14
第一节 体育运动中常见的生理现象、病症及其防治 ……………………… 14
第二节 常见运动损伤的预防与处理 ………………………………………… 17

### 第四章 运动竞赛与竞赛编排 …………………………………………………… 24
第一节 校园运动竞赛的意义和形式 ………………………………………… 24
第二节 校园运动竞赛的组织工作 …………………………………………… 25
第三节 校园运动竞赛常用赛制 ……………………………………………… 27

## 实 践 篇

### 第五章 田径健身运动 …………………………………………………………… 31
第一节 田径运动的概述 ……………………………………………………… 31

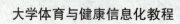

第二节　田径健身运动概述 …… 32
第三节　田径运动考试内容与评分标准 …… 37

## 第六章　篮球运动 …… 39
第一节　篮球运动概述 …… 39
第二节　篮球的基本技术 …… 41
第三节　篮球考试内容与评分标准 …… 47

## 第七章　足球运动 …… 50
第一节　足球运动概述 …… 50
第二节　足球的基本技术 …… 51
第三节　足球考试内容与评分标准 …… 64

## 第八章　排球运动 …… 67
第一节　排球运动概述 …… 67
第二节　排球的基本技术 …… 67
第三节　排球考试内容与评分标准 …… 74

## 第九章　乒乓球 …… 78
第一节　乒乓球运动概述 …… 78
第二节　乒乓球的基本技术 …… 79
第三节　乒乓球考试内容与评分标准 …… 84

## 第十章　羽毛球运动 …… 86
第一节　羽毛球运动概述 …… 86
第二节　羽毛球的基本技术 …… 87
第三节　羽毛球考试内容与评分标准 …… 96

## 第十一章　网球运动 …… 98
第一节　网球运动概述 …… 98
第二节　网球的基本技术 …… 98
第三节　网球考试内容与评分标准 …… 103

## 第十二章　毽球运动 …… 106
第一节　毽球运动概述 …… 106
第二节　毽球的基本技术 …… 106

第三节　毽球考试内容与评分标准…………………………………………110

## 第十三章　武术运动……………………………………………………113
第一节　武术的基本手型和步法……………………………………………113
第二节　武术的基本套路……………………………………………………116
第三节　武术考试内容与评分标准…………………………………………146

## 第十四章　太极拳…………………………………………………………147
第一节　太极拳概述…………………………………………………………147
第二节　二十四式简化太极拳动作图解……………………………………148
第三节　太极拳考试内容与评分标准………………………………………184

## 第十五章　跆拳道…………………………………………………………185
第一节　跆拳道概述…………………………………………………………185
第二节　跆拳道的基本技术…………………………………………………186
第三节　跆拳道考试内容与评分标准………………………………………193

## 第十六章　游泳运动………………………………………………………195
第一节　游泳运动概述………………………………………………………195
第二节　熟悉水性……………………………………………………………195
第三节　蛙泳…………………………………………………………………198
第四节　游泳考试内容与评分标准…………………………………………208

## 第十七章　健美操…………………………………………………………209
第一节　健美操运动概述……………………………………………………209
第二节　健美操的基本动作…………………………………………………211
第三节　健美操的基本套路…………………………………………………218
第四节　健美操考试内容与评分标准………………………………………230

## 第十八章　瑜伽运动………………………………………………………232
第一节　瑜伽运动概述………………………………………………………232
第二节　瑜伽呼吸……………………………………………………………233
第三节　瑜伽练习的基本姿势………………………………………………234
第四节　瑜伽考试内容与评分标准…………………………………………249

## 第十九章　花式跳绳 250
### 第一节　跳绳概述 250
### 第二节　花式跳绳的基本方法 251
### 第三节　个人技术动作 254
### 第四节　全国跳绳大众锻炼标准成套动作 264
### 第五节　花式跳绳考试内容与评分标准 273

**参考文献** 276

# 理 论 篇

# 第一章 高校体育

## 第一节 高等学校体育概述

### 一、高等学校体育的地位和功能

高等学校体育是全面发展教育的重要组成部分。党的二十大报告指出："体育强则中国强，国运兴则体育兴。"十八大以来，党中央从实现中华民族伟大复兴的战略高度重视发展体育事业，体育事业在国家总体布局和战略布局中的重要地位更加突出、发展路径更加清晰。体育也被赋予全新的内涵和外延，体育强国、健康中国建设蹄疾步稳。在大学教育中，德育是方向，智育是主体，体育则是其他教育因素的基础。高等学校体育是丰富学生课余文化生活、建设校园社会主义精神文明的重要载体。

具体来说，高等学校体育具有以下功能。

#### （一）身体教育功能

全面锻炼学生身体，促进身体形态结构、生理机能和心理发展，提高身体素质和人体基本活动能力，提高对自然环境的适应能力；使学生掌握体育的基本知识、技术和技能，学会科学锻炼身体的方法，养成经常锻炼身体的习惯，提高自我锻炼能力，终身受益。

#### （二）德育功能

学校体育是培养集体主义和团结协作精神等优良品德的教育过程。如竞技体育中，对方犯规时，是毫不计较，还是"以牙还牙"；集体配合不够默契出现失误而最终比赛失利时，是相互鼓励，还是相互抱怨；对裁判员的误判是大度宽容，还是"斤斤计较"；比赛胜利时，是骄傲自大，还是认真总结经验、戒骄戒躁；等等。

#### （三）爱国主义教育功能

在体育教学中，通过让学生欣赏大型体育运动比赛，观看我国运动员为国拼搏、为国争光，及在赛场上升国旗、奏国歌的动人场面，讲述优秀运动员刻苦训练、顽强拼搏的感人事迹，能够激发学生的爱国热情，增强其民族自尊心和自豪感，对其是很好的爱国主义教育。

#### （四）心理品质教育功能

体育运动能使人进入一种超凡脱俗的境界，陶冶人的情操，培养人的勇敢、果断、坚毅、自信心、自制力、进取心和坚韧不拔的意志品质。紧张而激烈的竞赛对人的心理品质既是严峻的考验，也是修炼和培养良好心理素质的最佳时机。

### （五）智能教育功能

体育是促进智力发展的积极因素和手段，通过体育教学和身体锻炼，学生不仅可以学习和掌握一定的体育知识、技术和技能，其思维能力、记忆力、观察力、想象力、创造力等各种能力也会得到发展。因此，作为一种教育的体育运动，在传授知识、培养技能、技巧，增强人的体质过程中，还包含着培养、开发和提高学生智能的教育因素。

## 二、高等学校体育的目的和任务

### （一）高等学校体育的目的

培养大学生的体育意识，提高其体育能力，使其养成自觉锻炼的习惯、增强体质、培养良好道德品质，为终身体育、毕生事业建立良好的基础，使其成为合格的现代化事业的建设者和接班人。

### （二）高等学校体育的任务

（1）全面锻炼学生身体，增强学生体质，增进学生健康，提高学生抵抗疾病与适应环境变化的能力。

（2）使学生学习和掌握体育"三基"，激发其参加体育锻炼的兴趣，进而养成自觉锻炼身体的习惯，提高体育文化素养，为终身体育奠定基础。

（3）通过体育向学生进行思想品德教育，培养其良好的思想道德品质。

（4）发展学生的体育才能、提高其运动技术水平，促进体育的进一步普及。

## 三、高等学校体育的组织形式

《体育法》第十八条规定："学校必须开设体育课，并将体育课列为考核学生学业成绩的科目。"大学体育的组织形式主要是指体育课教学、课外体育活动、课余体育训练和运动竞赛等，它们构成了学校体育工作的整体。为实现学校体育的目的，大学体育应从实际出发，充分利用各种组织形式，开展各项体育活动。

### （一）体育课

体育课是我国高等学校教学计划中的基本课程之一，是大学体育工作的中心环节，是实现大学体育目的的基本组织形式。

教育部颁发的《学校体育工作条例》明确规定："体育课是学生毕业、升学考试科目。"为此，体育课考试不及格应补考，补考不及格应重修，重修不及格不予毕业，作结业处理。

### （二）课外体育活动

课外体育活动是大学生体育课的延续和补充，是实现大学体育目的的重要组织形式。

《体育法》第二十条规定："学校应当组织多种形式的课外体育活动，开展课外训练和体育竞赛，并根据条件每学年举行一次全校性的体育运动会。"

课外体育活动主要有以下几种形式：
（1）早练（晨运）。
（2）课间操。
（3）单项体育协会或单项体育运动俱乐部活动。

### （三）课余体育训练

《学校体育工作条例》规定："学校应当在体育课教学和课外体育活动的基础上，开展多种形式的课余体育训练，提高学生的运动技术水平。"

课余体育训练是指大学生利用课余时间，对部分身体素质较好并有体育特长的大学生进行科学系统训练的一种专门教育过程，它是实现大学体育目的又一重要组织形式。

### （四）体育竞赛

体育竞赛是大学课外体育的另一组成部分，同样也是实现大学体育目的的重要推动力量。大学开展体育竞赛，是检验体育教学和训练效果并交流经验、互相学习、促进运动技术水平提高的有效途径，是广泛吸引大学生参加体育活动，推动开展学校群众性体育活动，增强体质和增长才智的主要方法；也是丰富大学生课余文化生活，增强体育健身意识，培养勇敢顽强、奋发向上、团结友爱、遵纪守法等优良品质和集体主义精神，建设校园精神文明等方面不可缺少的内容。

《学校体育工作条例》规定："学校体育竞赛贯彻小型多样、单项分散、基层为主、勤俭节约的原则，学校每学年至少举行一次以上田径项目为主的全校性运动会。"

## 第二节　高职体育的本质属性与职业素质培养

高等职业教育人才培养模式的基本特点是以培养高等技术应用型人才为根本任务，以适应社会需要为服务目标，以培养技术为主线，强调学生具有适度的基础理论知识、较强的技术运用能力、较宽的知识面和较高的综合素质。高职体育教育则是高等职业教育课程体系的重要组成部分，它应更多地体现高等职业教育的特点，而非照搬本科院校的体育教学模式。因此，高职体育教育应围绕人才培养模式，体现出鲜明的职业教育特性。

### 一、高职体育教育的本质属性

高职体育教育包括体育课程、运动竞赛、课余活动等，是学校教育的重要内容。高职体育课是必修课程，是学生进行体育锻炼、掌握运动技术与技能的主要途径，对提高学生体质、增进学生健康、促进学生全面和谐发展、培养学生成为高素质技能应用型人才都具有极为重要的作用。

高等职业教育与普通本科教育虽同属高等教育，但在培养模式与规格上有着明显的区别。高职体育教育有以下两大属性。

### （一）健康属性

体育科学的本质属性，是让学生通过体育课程的学习，树立"健康第一"的指导思想，掌握管理、促进自身健康的能力（增强健康层面），掌握一定的体育运动技能，养成终身体育锻炼的习惯。

### （二）职业属性

利用体育锻炼的手段和体育载体，着重发展学生本专业今后从业和胜任工作岗位所需的身心素质，以增强学生就业与从业的竞争力（服务专业层面）。通过提高学生的体能，使学生尽早地适应工作岗位环境。

## 二、体育教育在职业素质培养中的作用

### （一）提高自学能力

自学能力是指一个人独立学习的能力，也是一个人获取知识的能力。它是一个人多种智力因素的结合和多种心理机制参与的综合能力，是现代人应具备的基本能力，毕竟人一生中大部分的知识都是通过自学获得的。自学能力也是衡量一个人可持续发展能力的重要因素。诺贝尔物理学奖获得者丁肇中教授曾说过："不要死教知识，要授之以方法，打开学生的思路，培养他们的自学能力。"高等职业教育就是按职业岗位需求来开设课程体系的，而不同于普通本科按学科知识开设课程。在知识的传授过程中，高等职业教育强调"必需、够用"，其毕业生能直接上岗工作，所以特别强调学生的自学能力。

参与体育活动，掌握一定的运动技能，一般要经过"观察—模仿—练习—反馈"等几个过程。在这几个过程中，教师不可能都在现场全程指导，因此需要学生具有自主学习的能力。如要提高投篮的准确度，就必须不断改进投篮的姿势，当别人帮你纠正动作后，更多的要靠自己多练、多体会、多总结，从尝试错误和失败中不断体会动作要领，继而提高运动技术水平。从这个意义上说，参与体育实践可以有效地提高参与者的自学能力和独立解决问题的能力。

### （二）提高动手能力与身体活动能力

高等职业教育强调学生的动手能力。体育活动每一个动作的完成，都要求参与者手脑并用，运用许多技巧和方法。如完成足球中的带球过人时，必须考虑假动作的方式、带球的力量和速度等。

在职业劳动中，身体的活动能力在许多工种的劳动中显得尤为重要。身体的活动能力，可以通过体育锻炼的方式加以提高，如通过力量练习来提高建筑工人的手臂力量，通过平衡木练习来提高空乘服务员的平衡能力。

### （三）提高组织表现能力

高职（高专）学生工作后一般都会成为生产、服务一线的工作人员，在其职业生涯中，

良好的组织表现能力是非常重要的一种职业能力。参加体育锻炼，特别是体育竞赛，无论是参赛者还是组织者，都要对活动过程中的细节进行协调处理，这对学生的组织协调能力是很好的锻炼机会。另外，体育竞赛一般都是在公众场合、众目睽睽之下进行的，需要个人在活动中克服自卑、胆怯的心理，勇敢地面对对手，充分地展示自我，完成比赛任务，因此，体育活动是提高高职（高专）学生表现能力的有效方式。

### （四）提高社会适应能力

在复杂的社会结构中，每个人在社会中都具有一定的地位，充当特定的角色。体育的社会性功能，在于培养参与者适应社会的角色观念。在体育活动环境中，参与者可以以更直接、更生动和集中的方式接触、体验近似于社会上所能遭遇到的各种情景，如竞争、冲突、分享、合作、共处、避让、包容、突变、角色和角色转换、赞扬、批评、成功、失败、规范、处罚……从而不断增强自我调控的意识和能力。从这个意义上说，体育活动是提高高职（高专）学生社会适应能力的最佳实践平台。

### （五）提高创业素质

创业素质即创业应具备的思想素质、心理素质和能力素质，主要包括创业意识、创业精神和创业能力等。高职（高专）学生毕业后在创业的过程中，必然会遇到这样或那样的困难与障碍。参与体育实践能给人以成长与历练的机会，它会激励人们在遇到困难、挫折的时候，勇敢地抗争，正确地对待挫折与失败，进而在挫折中成长、学会坚强。因此，体育锻炼有利于锻炼学生顽强、刻苦的意志和积极进取的品质，帮助他们克服自身的惰性，培养组织观念，为今后走上社会打下良好的创业基础。

# 第二章 大学生体质健康标准

在党的二十大报告中,"体育"、"健康"等关键词多次被提及。在"推进文化自信自强,铸就社会主义文化新辉煌"部分,报告提出:"促进群众体育和竞技体育全面发展,加快建设体育强国。"这正是全面建设社会主义现代化国家的一个重要目标。同时,在"增进民生福祉,提高人民生活品质"部分,报告还提出:"推进健康中国建设,把保障人民健康放在优先发展的战略地位。"大学生体质健康评价是高等学校体育工作的重要环节,也是学校教育评价体系的重要组成部分。建立全面、科学的学生体质健康的评价体系,可使学生自身、家长、学校、社会各方面及时了解学生的身体健康状况,从而促使学生调整自己的学习和锻炼目标,并为学校和教育管理部门制定和调整体育教育政策提供科学依据。

为贯彻落实健康第一的指导思想,切实加强学校体育工作,促进学生积极参加体育锻炼,养成良好的锻炼习惯,提高体质健康水平,教育部和国家体育总局于2002年7月正式颁布了新的《国家学生体质健康标准(试行方案)》和实施办法。经过五年的试点与完善,修订后的《国家学生体质健康标准》于2007年在全国正式全面实施。

2014年,国家又对《国家学生体质健康标准》进行了修订,与以前的标准相比,新颁布的《国家学生体质健康标准》重在激励学生积极地进行身体锻炼,而不是为了测试而测试。它采用个体评价标准,能够清晰地看出学生的个体差异与自身不足,这十分有利于通过测试促进学生积极地参加体育锻炼,通过锻炼改善健康状况、弥补差距,从而促进身体健康全面发展。

## 第一节 《国家学生体质健康标准》说明

为建立健全国家学生体质健康监测评价机制,激励学生积极地参加身体锻炼,教育部印发《国家学生体质健康标准(2014年修订)》,要求各学校每学年开展覆盖本校各年级学生的《国家学生体质健康标准》测试工作,并根据学生学年总分评定等级,只有达到良好及以上的学生,方可参加评优与评奖。

新修订的《国家学生体质健康标准》适用于全日制普通小学、初中、普通高中、中等职业学校、普通高等学校的学生,将学生按照年级划分为不同组别,身体形态类中的身高、体重,身体机能类中的肺活量,以及身体素质类中的50米跑、坐位体前屈为各年级学生的共性指标。

(1)《国家学生体质健康标准》(以下简称《标准》)是国家学校教育工作的基础性指导文件和教育质量基本标准,是评价学生综合素质、评估学校工作和衡量各地教育发展的重要依据,是《国家体育锻炼标准》在学校的具体实施。

(2)《标准》的修订坚持健康第一,落实《国家中长期教育改革和发展规划纲要(2010—2020年)》、《国务院办公厅转发教育部等部门关于进一步加强学校体育工作若干意见的通知》(国办发〔2012〕53号)和《教育部关于印发〈学生体质健康监测评价办法〉等三个文件的通知》（教体艺〔2014〕3 号）有关要求，着重提高《标准》应用的信度、效度和区分度，着重强化其教育激励、反馈调整和引导锻炼的功能，着重提高其教育监测和绩效评价的支撑能力。

（3）《标准》从身体形态、身体机能和身体素质等方面综合评定学生的体质健康水平，是促进学生体质健康发展、激励学生积极进行身体锻炼的教育手段，是学生发展核心素养体系和学业质量标准的重要组成部分，是学生体质健康的个体评价标准。

（4）《标准》将适用对象划分为以下组别：小学、初中、高中按每个年级为一组，其中小学为六组、初中为三组、高中为三组。大学一、二年级为一组，三、四年级为一组。

（5）小学、初中、高中、大学各组别的测试指标均为必测指标。其中，身体形态类中的身高、体重，身体机能类中的肺活量，以及身体素质类中的50m跑、坐位体前屈为各年级学生的共性指标。

（6）《标准》的学年总分由标准分与附加分之和构成，满分为 120 分。标准分由各单项指标得分与权重乘积之和组成，满分为 100 分。附加分根据实测成绩确定，即对成绩超过100 分的加分指标进行加分，满分为 20 分；小学的加分指标为 1 分钟跳绳，加分幅度为 20 分；初中、高中和大学的加分指标为男生引体向上和 1 000m 跑，女生 1 分钟仰卧起坐和 800m 跑，各指标加分幅度均为 10 分。

（7）根据学生学年总分评定等级：90.0 分及以上为优秀，80.0～89.9 分为良好，60.0～79.9 分为及格，59.9 分及以下为不及格。

（8）每个学生每学年评定一次，记入"《国家学生体质健康标准》登记卡"。特殊学制的学校，在填写登记卡时可以按规定和需求相应地增减栏目。学生毕业时的成绩和等级，按毕业当年学年总分的 50% 与其他学年总分平均得分的 50% 之和进行评定。

（9）学生测试成绩评定达到良好及以上者，方可参加评优与评奖；成绩达到优秀者，方可获体育奖学分。测试成绩评定不及格者，在本学年度准予补测一次，补测仍不及格的，则学年成绩评定为不及格。普通高中、中等职业学校和普通高等学校学生毕业时，《标准》测试成绩达不到 50 分者按结业或肄业处理。

（10）学生因病或残疾可向学校提交暂缓或免予执行《标准》的申请，经医疗单位证明，体育教学部门核准，可暂缓或免予执行《标准》，并填写"免予执行《国家学生体质健康标准》申请表"，存入学生档案。确实丧失运动能力、被免予执行《标准》的残疾学生，仍可参加评优与评奖，毕业时《标准》成绩需注明免测。

（11）各学校每学年开展覆盖本校各年级学生的《标准》测试工作，《标准》测试数据经当地教育行政部门按要求审核后，通过"中国学生体质健康网"上传至"国家学生体质健康标准数据管理系统"。测试和数据上传时间由教育行政部门确定。

（12）《标准》由教育部负责解释。

## 第二节 《国家学生体质健康标准》项目及评价指标

2014 年 7 月 18 日，教育部公布了最新修订的《标准》：学生体测成绩达到或超过良好，才有资格参与评优与评奖。

《标准》要求，初中、高中、大学学生的必测项目全部一致：50m 跑、坐位体前屈、立定跳远、引体向上（男）、仰卧起坐（女）、1 000m 跑（男）、800m 跑（女）。

另外，各个测试项目都设置了具体的标准。比如：50m 短跑，大一、大二的学生，男生超过 9.1s 为不及格，女生超过 10.3s 为不及格；大三、大四的学生，男生超过 9.0s 为不及格，女生超过 10.2s 为不及格。

## 一、单项指标和权重

《国家学生体质健康标准》单项指标与权重如表 2－1 所示。

表 2－1　大学生《国家学生体质健康标准》单项指标与权重

| 测试对象 | 单项指标 | 权重/% |
|---|---|---|
| 大学各年级 | 50m 跑 | 20 |
| | 坐位体前屈 | 10 |
| | 立定跳远 | 10 |
| | 引体向上（男）/1 分钟仰卧起坐（女） | 10 |
| | 1 000m 跑（男）/800m 跑（女） | 20 |
| | 肺活量 | 15 |
| | BMI | 15 |

注：体重指数（BMI）＝体重（kg）/身高$^2$（m$^2$）。

## 二、评分表

**1. 单项评分表**

单项评分表如表 2－2～表 2－4 所示。

表 2－2　体重指数（BMI）单项评分表

| 等级 | 单项得分 | 大学男生/(kg·m$^{-2}$) | 大学女生/(kg·m$^{-2}$) |
|---|---|---|---|
| 正常 | 100 | 17.9～23.9 | 17.2～23.9 |
| 低体重 | 80 | ≤17.8 | ≤17.1 |
| 超重 |  | 24.0～27.9 | 24.0～27.9 |
| 肥胖 | 60 | ≥28 | ≥28.0 |

表 2－3　肺活量、50m 跑、坐位体前屈单项评分表

| 等级 | 单项得分 | 肺活量/mL | | | | 50m 跑/s | | | | 坐位体前屈/cm | | | |
|---|---|---|---|---|---|---|---|---|---|---|---|---|---|
| | | 男生 | | 女生 | | 男生 | | 女生 | | 男生 | | 女生 | |
| | | 大一大二 | 大三 | 大一大二 | 大三 | 大一大二 | 大三 | 大一大二 | 大三 | 大一大二 | 大三 | 大一大二 | 大三 |
| 优秀 | 100 | 5 040 | 5 140 | 3 400 | 3 450 | 6.7 | 6.6 | 7.5 | 7.4 | 24.9 | 25.1 | 25.8 | 26.3 |
| | 95 | 4 920 | 5 020 | 3 350 | 3 400 | 6.8 | 6.7 | 7.6 | 7.5 | 23.1 | 23.3 | 24.0 | 24.4 |
| | 90 | 4 800 | 4 900 | 3 300 | 3 350 | 6.9 | 6.8 | 7.7 | 7.6 | 21.3 | 21.5 | 22.2 | 22.4 |

第二章 大学生体质健康标准

续表

| 等级 | 单项得分 | 肺活量/mL | | | | 50m 跑/s | | | | 坐位体前屈/cm | | | |
|---|---|---|---|---|---|---|---|---|---|---|---|---|---|
| | | 男生 | | 女生 | | 男生 | | 女生 | | 男生 | | 女生 | |
| | | 大一大二 | 大三 | 大一大二 | 大三 | 大一大二 | 大三 | 大一大二 | 大三 | 大一大二 | 大三 | 大一大二 | 大三 |
| 良好 | 85 | 4 550 | 4 650 | 3 150 | 3 200 | 7.0 | 6.9 | 8.0 | 7.9 | 19.5 | 19.9 | 20.6 | 21.0 |
| | 80 | 4 300 | 4 400 | 3 000 | 3 050 | 7.1 | 7.0 | 8.3 | 8.2 | 17.7 | 18.2 | 19.0 | 19.5 |
| 及格 | 78 | 4 180 | 4 280 | 2 900 | 2 950 | 7.3 | 7.2 | 8.5 | 8.4 | 16.3 | 16.8 | 17.7 | 18.2 |
| | 76 | 4 060 | 4 160 | 2 800 | 2 850 | 7.5 | 7.4 | 8.7 | 8.6 | 14.9 | 15.4 | 16.4 | 16.9 |
| | 74 | 3 940 | 4 040 | 2 700 | 2 750 | 7.7 | 7.6 | 8.9 | 8.8 | 13.5 | 14.0 | 15.1 | 15.6 |
| | 72 | 3 820 | 3 920 | 2 600 | 2 650 | 7.9 | 7.8 | 9.1 | 9.0 | 12.1 | 12.6 | 13.8 | 14.3 |
| | 70 | 3 700 | 3 800 | 2 500 | 2 550 | 8.1 | 8.0 | 9.3 | 9.2 | 10.7 | 11.2 | 12.5 | 13.0 |
| | 68 | 3 580 | 3 680 | 2 400 | 2 450 | 8.3 | 8.2 | 9.5 | 9.4 | 9.3 | 9.8 | 11.2 | 11.7 |
| | 66 | 3 460 | 3 560 | 2 300 | 2 350 | 8.5 | 8.4 | 9.7 | 9.6 | 7.9 | 8.4 | 9.9 | 10.4 |
| | 64 | 3 340 | 3 440 | 2 200 | 2 250 | 8.7 | 8.6 | 9.9 | 9.8 | 6.5 | 7.0 | 8.6 | 9.1 |
| | 62 | 3 220 | 3 320 | 2 100 | 2 150 | 8.9 | 8.8 | 10.1 | 10.0 | 5.1 | 5.6 | 7.3 | 7.8 |
| | 60 | 3 100 | 3 200 | 2 000 | 2 050 | 9.1 | 9.0 | 10.3 | 10.2 | 3.7 | 4.2 | 6.0 | 6.5 |
| | 50 | 2 940 | 3 030 | 1 960 | 2 010 | 9.3 | 9.2 | 10.5 | 10.4 | 2.7 | 3.2 | 5.2 | 5.7 |
| | 40 | 2 780 | 2 860 | 1 920 | 1 970 | 9.5 | 9.4 | 10.7 | 10.6 | 1.7 | 2.2 | 4.4 | 4.9 |
| 不及格 | 30 | 2 620 | 2 690 | 1 880 | 1 930 | 9.7 | 9.6 | 10.9 | 10.8 | 0.7 | 1.2 | 3.6 | 4.1 |
| | 20 | 2 460 | 2 520 | 1 840 | 1 890 | 9.9 | 9.8 | 11.1 | 11.0 | -0.3 | 0.2 | 2.8 | 3.3 |
| | 10 | 2 300 | 2 350 | 1 800 | 1 850 | 10.1 | 10.0 | 11.3 | 11.2 | -1.3 | -0.8 | 2.0 | 2.5 |

表 2-4 立定跳远、仰卧起坐、引体向上、耐力跑单项评分表

| 等级 | 单项得分 | 立定跳远/cm | | | | 仰卧起坐、引体向上/次 | | | | 耐力跑 | | | |
|---|---|---|---|---|---|---|---|---|---|---|---|---|---|
| | | 男生 | | 女生 | | 男生 | | 女生 | | 男生 | | 女生 | |
| | | 大一大二 | 大三 | 大一大二 | 大三 | 大一大二 | 大三 | 大一大二 | 大三 | 大一大二 | 大三 | 大一大二 | 大三 |
| 优秀 | 100 | 273 | 275 | 207 | 208 | 19 | 20 | 56 | 57 | 3'17″ | 3'15″ | 3'18″ | 3'16″ |
| | 95 | 268 | 270 | 201 | 202 | 18 | 19 | 54 | 55 | 3'22″ | 3'20″ | 3'24″ | 3'22″ |
| | 90 | 263 | 265 | 195 | 196 | 17 | 18 | 52 | 53 | 3'27″ | 3'25″ | 3'30″ | 3'28″ |
| 良好 | 85 | 256 | 258 | 188 | 189 | 16 | 17 | 49 | 50 | 3'34″ | 3'32″ | 3'37″ | 3'35″ |
| | 80 | 248 | 250 | 181 | 182 | 15 | 16 | 46 | 47 | 3'42″ | 3'40″ | 3'44″ | 3'42″ |

续表

| 等级 | 单项得分 | 立定跳远/cm | | | | 仰卧起坐、引体向上/次 | | | | 耐力跑 | | | |
|---|---|---|---|---|---|---|---|---|---|---|---|---|---|
| | | 男生 | | 女生 | | 男生 | | 女生 | | 男生 | | 女生 | |
| | | 大一大二 | 大三 | 大一大二 | 大三 | 大一大二 | 大三 | 大一大二 | 大三 | 大一大二 | 大三 | 大一大二 | 大三 |
| 及格 | 78 | 244 | 246 | 178 | 179 | | | 44 | 45 | 3′47″ | 3′45″ | 3′49″ | 3′47″ |
| | 76 | 240 | 242 | 175 | 176 | 14 | 15 | 42 | 43 | 3′52″ | 3′50″ | 3′54″ | 3′52″ |
| | 74 | 236 | 238 | 172 | 173 | | | 40 | 41 | 3′57″ | 3′55″ | 3′59″ | 3′57″ |
| | 72 | 232 | 234 | 169 | 170 | 13 | 14 | 38 | 39 | 4′02″ | 4′00″ | 4′04″ | 4′02″ |
| | 70 | 228 | 230 | 166 | 167 | | | 36 | 37 | 4′07″ | 4′05″ | 4′09″ | 4′07″ |
| | 68 | 224 | 226 | 163 | 164 | 12 | 13 | 34 | 35 | 4′12″ | 4′10″ | 4′14″ | 4′12″ |
| | 66 | 220 | 222 | 160 | 161 | | | 32 | 33 | 4′17″ | 4′15″ | 4′19″ | 4′17″ |
| | 64 | 216 | 218 | 157 | 158 | 11 | 12 | 30 | 31 | 4′22″ | 4′20″ | 4′24″ | 4′22″ |
| | 62 | 212 | 214 | 154 | 155 | | | 28 | 29 | 4′27″ | 4′25″ | 4′29″ | 4′27″ |
| | 60 | 208 | 210 | 151 | 152 | 10 | 11 | 26 | 27 | 4′32″ | 4′30″ | 4′34″ | 4′32″ |
| | 50 | 203 | 205 | 146 | 147 | 9 | 10 | 24 | 25 | 4′52″ | 4′50″ | 4′44″ | 4′42″ |
| | 40 | 198 | 200 | 141 | 142 | 8 | 9 | 22 | 23 | 5′12″ | 5′10″ | 4′54″ | 4′52″ |
| 不及格 | 30 | 193 | 195 | 136 | 137 | 7 | 8 | 20 | 21 | 5′32″ | 5′30″ | 5′04″ | 5′02″ |
| | 20 | 188 | 190 | 131 | 132 | 6 | 7 | 18 | 19 | 5′52″ | 5′50″ | 5′14″ | 5′12″ |
| | 10 | 183 | 185 | 126 | 127 | 5 | 6 | 16 | 17 | 6′12″ | 6′10″ | 5′24″ | 5′22″ |

**2. 加分指标评分表**

加分指标评分表如表2-5、表2-6所示。

表2-5　男生引体向上、女生仰卧起坐加分指标评分表

| 加分 | 男生引体向上/次 | | 女生仰卧起坐/次 | |
|---|---|---|---|---|
| | 大一大二 | 大三 | 大一大二 | 大三 |
| 10 | 10 | 10 | 13 | 13 |
| 9 | 9 | 9 | 12 | 12 |
| 8 | 8 | 8 | 11 | 11 |
| 7 | 7 | 7 | 10 | 10 |
| 6 | 6 | 6 | 9 | 9 |
| 5 | 5 | 5 | 8 | 8 |
| 4 | 4 | 4 | 7 | 7 |
| 3 | 3 | 3 | 6 | 6 |
| 2 | 2 | 2 | 4 | 4 |
| 1 | 1 | 1 | 2 | 2 |

注：引体向上、一分钟仰卧起坐均为高优指标，学生成绩超过单项评分100分后，以超过的次数所对应的分数进行加分。

表 2-6  1 000m 跑、800m 跑加分指标评分表

| 加分 | 1 000m 跑 | | 800m 跑 | |
| --- | --- | --- | --- | --- |
| | 大一 大二 | 大三 | 大一 大二 | 大三 |
| 10 | -35″ | -35″ | -50″ | -50″ |
| 9 | -32″ | -32″ | -45″ | -45″ |
| 8 | -29″ | -29″ | -40″ | -40″ |
| 7 | -26″ | -26″ | -35″ | -35″ |
| 6 | -23″ | -23″ | -30″ | -30″ |
| 5 | -20″ | -20″ | -25″ | -25″ |
| 4 | -16″ | -16″ | -20″ | -20″ |
| 3 | -12″ | -12″ | -15″ | -15″ |
| 2 | -8″ | -8″ | -10″ | -10″ |
| 1 | -4″ | -4″ | -5″ | -5″ |

注：1 000m 跑、800m 跑均为低优指标，学生成绩低于单项评分 100 分后，以减少的秒数所对应的分数进行加分。

# 第三章  体育保健与卫生常识

## 第一节  体育运动中常见的生理现象、病症及其防治

体育锻炼时，人体必须承受运动负荷。运动负荷犹如作用于人体的一个刺激量，正常情况下这种刺激对促进人体的健康是有利的，但它并非在任何情况下对人体都是一种良性刺激。承受同一刺激量时，由于人体处于不同的生理状态，甚至有时已处于病理状态，就会引起不同的生理反应。锻炼者必须分清这些反应是正常的生理反应还是疾病，以便及时做出正确的处理或者有效的防治，并相应地调整训练计划或运动量。这样才能避免不当运动造成的不良后果，使锻炼者保持健康的体魄。一般常见的运动生理反应和运动性疾病的征象和处置办法如下。

### 一、运动性腹痛

腹痛是运动员运动中常见的症状，可由多种原因引起，并经常在运动过程中或运动结束时发生。这种直接由运动引起的腹部疼痛称为运动中腹痛。其主要见于中长跑、竞走、马拉松、自行车、篮球等运动项目，又以右上腹痛较为多见。

#### （一）症状与体征

运动性腹痛的发生和运动有直接关系，疼痛程度和运动负荷大小、运动强度密切相关。在小运动负荷和低强度运动时，腹痛往往不明显，而当运动负荷和运动强度增加时，腹痛则随之加剧。

腹痛的性质因腹痛原因的不同而异。直接由运动引起的，多数为钝痛、胀痛，腹腔脏器有病变者，多为锐痛、牵扯痛、钻顶样痛及阵发性绞痛等。

#### （二）处理

运动中出现腹痛，可适当减慢速度，及时调整呼吸节奏，加深呼吸，协调好呼吸和运动，同时用手按压疼痛的部位或弯腰跑一段，如此疼痛就可以得到缓解。如上述处理效果不理想，则应停止运动，口服解痉药（阿托品、654—2）、点掐穴位（内关、足三里）或请医生处理。

## （三）预防

加强全面锻炼，以提高人体生理机能。但要注意：遵守锻炼的科学原则，循序渐进地增加运动量；合理安排膳食，运动前不宜饱餐或过多饮水；运动前做好充分的准备活动；运动中注意呼吸节奏，注意呼吸和动作的协调性；中长跑中合理分配速度。对各种疾病引起的腹痛，应积极治疗原发病，同时在医生的指导下进行体育活动。

## 二、极点和第二次呼吸

### （一）极点

人体在剧烈运动时，由于内脏器官的活动能力落后于运动器官的需要，所以产生了一种特殊的机能障碍，特别是运动器官缺氧，酸性物质堆积在血液中，从而引起呼吸和循环系统活动失调，使人产生一种非常难受的感觉，如呼吸困难、胸闷难忍、下肢沉重、动作迟缓，并伴有恶心等现象，这种运动生理反应便称为"极点"。

### （二）第二次呼吸

极点出现后，适当减慢运动速度，并注意加深呼吸，坚持下去，上述生理反应会逐步缓解与消失。随后机能重新得到改善，氧供应增加，运动能力提高，动作变得协调和有力。这种现象，在运动生理学上被称为第二次呼吸。第二次呼吸出现后，循环机能将稳定在新的较高的水平上。

极点与第二次呼吸是长跑运动中常见的生理现象，无须疑虑和恐惧，只要坚持锻炼和处理得当，极点现象是可以缓解和减轻的。

## 三、肌肉痉挛

肌肉痉挛是肌肉不自主地强直性收缩，俗称抽筋。运动过程中肌肉痉挛最易发生在小腿腓肠肌，其次为足底部的屈趾肌。

### （一）症状与体征

痉挛的肌肉疼痛难忍，触之僵硬，邻近关节因疼痛会出现暂时性功能障碍。

### （二）处理

牵引痉挛的肌肉是常用的缓解办法，例如：小腿腓肠肌痉挛时，可取坐位或仰卧位，伸直膝关节，缓慢用力将足部背伸；屈拇肌、屈趾肌痉挛时，可将足和足趾用力背伸。牵引过程中注意用力宜缓，切忌暴力，以防肌肉拉伤；配合局部按摩（如按压、揉、揉捏）、点穴（如承山、委中）等措施，有助于痉挛的迅速缓解。

若在游泳时发生了肌肉痉挛，则首先不要惊慌，可先深吸一口气后仰浮于水面，然后再采用同样的方法对痉挛的肌肉进行牵引。例如：腓肠肌、足趾痉挛时，用同侧手掌压在痉挛侧髌骨上,另一侧手握住痉挛侧足趾,在促使膝关节伸直的同时,缓慢用力向身体方向拉;大腿肌肉痉挛时,可先弯曲痉挛侧膝关节,然后双手抱住小腿用力使之向大腿靠近,再用力向前伸直;上肢肌肉痉挛,可做反复用力屈伸肘关节及用力握拳、张开等动作。待肌肉的痉挛缓解后,不要再继续游泳,应上岸休息,并注意保暖、对症治疗。如果自己未能掌握自救方法,则应立即呼救。

### (三) 预防

平时要加强身体锻炼,提高机体抵抗力和对低温环境的适应能力。冬季运动注意防寒、保暖;夏季运动注意及时补充水、盐、维生素$B_1$。运动前做好准备活动,游泳时若水温较低,时间不要过长。对容易发生痉挛的肌肉,可在运动前适当按摩。

## 四、肌肉酸痛

### (一) 症状与体征

运动过后会出现全身肌肉酸痛,且这种酸痛是广泛性的,没有具体的部位,也不会影响身体的运动功能,但自身感觉无力。

### (二) 处理

(1) 对酸痛的局部肌肉进行热敷,促进血液循环及代谢过程,有助于损伤组织的修复及缓解痉挛。

(2) 对酸痛局部进行静力牵张练习,保持伸展状态两分钟,然后休息一分钟,这样每天做几次,有助于缓解痉挛。

(3) 对酸痛局部进行按摩,使肌肉放松,促进肌肉血液循环,有助于损伤组织的修复及缓解痉挛。

(4) 口服维生素C有促进结缔组织中胶元合成的作用。这有助于加速损伤组织的修复和缓解酸痛。

### (三) 预防

(1) 根据不同体质、不同健康状况科学地安排锻炼负荷。

(2) 锻炼时,尽量避免长时间集中练习身体某一部位,以免局部肌肉负担过重。

(3) 准备活动中,注意要让练习时负荷重的局部肌肉活动得更充分。

(4) 整理运动除进行一般性放松练习外,还应重视进行肌肉的伸展牵拉练习,这有助于预防局部肌纤维痉挛。

## 五、晕厥

晕厥是由于脑部一时性供血不足而引起的突然的、短暂的意识丧失。

## （一）症状与体征

表现为头昏、眼花、面色苍白、全身乏力、出冷汗，进而出现意识丧失和瞳孔缩小。一般数秒钟内便可恢复，少数人在数小时后清醒，其他异常体征不明显。

## （二）处理

病情较轻者，只要保持安静平卧位、注意保暖，并予以必要的对症处理、口服镇静剂、吃容易消化的食物等即可。对有心功能不全的患者，应保持安静，取端坐位，给患者吸氧及点掐内关、足三里穴。对昏迷者，可加点人中、百会、涌泉等穴；若发生呼吸、心跳骤停，必须立即就地进行人工呼吸和胸外心脏按压，同时速请医生做进一步处理。对出现晕厥的病人，要松解束带及领、袖，并注意保持呼吸道通畅；对神志不清者，严禁其进食；对意识不能迅速恢复者，应立即将其送医院处理。

## （三）预防

首先加强体育锻炼，提高身体素质和机能水平。其次，在训练和比赛中，应结合身体实际情况量力而行。患病期间，可暂停训练，积极治疗并注意休息。伤病初愈者，要注意逐渐增加运动量。凡在重大比赛和大强度训练前均应做全面深入的体格检查，对有高血压病史、心血管系统疾病史的患者或有家族病史者，应禁止其参加剧烈运动和比赛。此外，饭后要休息2~3小时再进行运动和比赛。

# 第二节 常见运动损伤的预防与处理

体育运动过程中发生的损伤，称为运动损伤。由于造成运动损伤的机制和原因十分复杂，虽然注重预防，但在日常锻炼或竞赛中，锻炼者仍难免发生不同程度的损伤。为了尽量减少和减轻运动损伤，及受伤后能尽早康复，我们必须对造成运动损伤的机制和原因有所了解，并掌握预防与处理的基本方法。

## 一、运动损伤的分类

运动损伤的分类方法较多，常用的有：按损伤组织的种类分，如肌肉肌腱损伤、滑囊损伤、关节囊和韧带损伤、骨折、关节脱位、内脏损伤、脑震荡、神经损伤等。按损伤的轻重程度分，伤后不丧失工作能力的为轻伤；伤后失去工作能力24h以上，需在门诊治疗的为中等伤；伤后需住院治疗的为重伤。按运动能力丧失的程度分，伤后仍能比较正常地进行体育锻炼的为轻伤；伤后需要减少或停止患部活动的为中等伤；伤后完全不能运动的为重伤。按有无创口与外界相通分，伤部皮肤或黏膜破裂，创口与外界相通，有组织液渗出或血液自创口流出，称为开放性损伤，如擦伤、刺伤等；伤部皮肤或黏膜完整，无创口与外界相通，损伤后的出血积聚在组织内，称为闭合性损伤，如关节韧带扭伤、肌肉拉伤等。按发病的缓急分，瞬间遭受直接或间接暴力而造成的称为急性损伤，其具有发病急、病程短、症状骤起的特点；因局部长期负担过度，由反复微细损伤积累而成的称为慢性损伤，其具有发病缓慢、症状渐起、病程较长的特点。

## 二、运动损伤的原因

造成运动损伤的原因是多方面的。目前国内外的综合研究材料表明，运动损伤的基本原因可归纳为以下几方面：对预防运动损伤的意义认识不足；缺乏准备活动或准备活动不正确；技术水平低，动作不熟练；体质弱，身体素质差；运动量（特别是局部负担量）过大；身体、心理状态不佳；组织教法不合理，锻炼或比赛安排不当；缺乏保护与帮助，或保护不及时、不正确；动作粗野，违反规则；运动服装、场地设备不合规范；光线不足或天气不良；等等。

## 三、运动损伤的预防

为了减少以至消灭运动中可能发生的伤害事故，必须坚持预防为主、积极治疗、抓早抓小、炼治结合的原则。了解各项运动可能发生损伤的原因，采取积极的预防措施，才有可能把事故损伤程度降至最低限度。

### （一）调节身体处于良好状态

**1. 准备活动和放松活动**

锻炼或比赛前的准备活动十分重要，它不但能使基础体温提高、深部肌肉的血液循环加快、肌肉的应激性上升、关节柔软性增大，还能调整心理状态、减轻紧张感和压力感。

放松活动是指剧烈运动后通过放松活动使体温、心率、呼吸、肌肉的应激反应恢复到安静水平，可防止在运动后出现肌肉酸痛及损伤，而且对于精神压力的解除也有很大作用。

**2. 肌力训练**

肌肉力量不够、协同或拮抗肌力的不平衡，常常会造成损伤。例如，在锻炼者中常见的背腰痛、腰肌劳损，多因背伸与复肌肌力比的失衡造成。加强肌力训练，使肌群力量保持动态平衡，对于预防运动损伤有重大作用。

**3. 自身保护**

锻炼者还应了解和懂得初步处理运动后肌肉酸痛、关节不适的方法。早期可做温水浴、物理疗法、自身按摩等。

### （二）注意环境安全

体育器具、设备、场地等周围环境在锻炼和竞赛前都应进行严格的安全检查。钥匙、小刀、项链、耳环等锐利物品在运动时应摘下。防护器材的使用可使运动损伤的发生率大大降低，但如果防护器材质量低劣、不合格或已残破，其防护功能会受到影响。

### （三）科学锻炼三要素

体育锻炼的科学体系内容繁杂，但其中的全面性、渐进性、个别性三要素对预防运动损伤很重要。

全面性是加强体能的全面锻炼；渐进性是指锻炼负荷量是逐步加大的；个别性是指锻炼项目、方法等必须因人而异。

### （四）保持正常的心理状态

锻炼者参加运动竞赛时应保持正常的心理状态，胜不骄、败不馁，不做粗鲁和危险动作，避免猛烈冲撞，既保护好自己，也不致人受伤。

## 四、运动损伤的一般处理方法

伤后及时采取正确的处理方法，是促进康复的重要手段。掌握简易而有效的治疗措施，对体育教学和个人锻炼都有较大的现实意义。

### （一）冷热疗法

冷热疗法是运用低或高于人体温度的物理因子刺激进行治疗的一种物理疗法。

#### 1. 冷敷法

冷敷能降低局部组织温度，使血管收缩，减轻局部充血，抑制神经的感觉，具有止血、镇痛、防止或减轻肿胀的作用。常用于急性闭合性组织损伤的早期，伤后立即使用，冷敷后应加压包扎并抬高伤肢。

冷敷时一般使用冰袋或寒冷气雾剂。用冰袋或冰块装入塑料袋内做伤部冷敷约20min；如用寒冷气雾剂做局部喷布冷敷时（面部不宜采用），喷射出的细流应与皮肤垂直，瓶口距皮肤20~30cm，每次约10s，不可喷射过多，以防发生冻伤。如有条件限制，也可用冷水毛巾置于伤部，2~3min更换一次。

#### 2. 热疗

热疗包括热敷、红外线照射等。它能扩张局部血管，增强血液和淋巴循环，提高组织的新陈代谢，解除肌肉痉挛，加速瘀血和渗出液的吸收，促进损伤组织的修复，具有消肿、解痉、减少粘连和促进愈合的作用。常用于急性闭合性软组织损伤的中、后期和慢性损伤的治疗。

热敷时一般采用热水袋或热毛巾，每天1~2次，每次20~30min。毛巾无热感时要立即更换，热敷的温度要适当，以防发生烫伤。

高热、恶性肿瘤、活动性肺结核、有出血倾向者均不宜进行热疗，红外线治疗时要避免直接辐射眼部。

### （二）开放性软组织损伤的处理

#### 1. 擦伤

擦伤是皮肤受到外力摩擦所致，皮肤被擦破出血或有组织液渗出。创口浅、面积小的擦伤，可用生理盐水或凉开水洗净创口，周围用浓度为70%的酒精棉球消毒，创口上涂抹红汞或紫药水，待干即可，无须包扎。但面部擦伤最好不要用紫药水涂抹；关节附近的擦伤也不宜使用暴露疗法，以免皮肤干裂而影响关节运动。

创口内若有煤渣、细沙等异物，要用生理盐水或凉开水冲洗干净，必要时要用硬毛小刷子将异物刷去。创口处可用双氧水，创口周围皮肤用浓度为70%的酒精棉球消毒，然后用凡士林纱条覆盖创面或撒上消炎粉，再用消毒敷料覆盖并包扎。

#### 2. 撕裂伤

皮肤撕裂伤多发生于头部，尤以额部和面部较多见，如篮球运动中眉弓部被他人肘部碰撞，引起眉际皮肤撕裂。若撕裂伤口小，则经止血、消毒处理后，用粘膏粘合；若伤口较大，则需缝合，必要时要使用抗生素治疗。

#### 3. 刺伤和切伤

田径运动中被钉鞋或标枪刺伤，或滑冰时被冰刀切伤，其处理方法与撕裂伤基本相同。凡被不洁物致伤且创口小而深者，应注射破伤风抗毒素。

### （三）闭合性软组织损伤的处理

闭合性软组织损伤包括挫伤、肌肉筋膜拉伤、关节囊和韧带扭伤、肌腱腱鞘和滑囊损伤等，根据其发病的缓急，分为急性损伤和慢性损伤两类。

#### 1. 急性损伤

急性损伤是因遭受一次较大外力作用所致，发病急、病程短、临床症状和体征都较明显。若处理不当，会转变为陈旧性损伤。

（1）早期（伤后24~48h内）：此期病理变化的主要特点是组织撕裂和断裂，出现血肿和水肿，发生创伤性炎症。损伤局部表现为红、肿、热、痛和功能障碍。因此，该期的处理原则是止血、制动、镇痛、防肿和减轻炎症。处理方法是伤后立即冷敷、加压包扎并抬高伤肢，局部休息。24~48h后，拆除包扎固定，根据伤情再做进一步处理。若受伤较轻，可外敷新伤药，能收到止痛、消炎的效果。此外，疼痛较重者，可内服镇静、止痛剂；局部红肿显著者，可服跌打丸、七厘散、云南白药等。

（2）中期（受伤24~48h之后）：此期病理变化和修复过程的基本特点是肉芽组织形成，凝块正在被吸收，坏死组织逐渐被清除，损伤组织正在修复。损伤局部表现为急性炎症已逐渐消退，但仍有瘀血、肿胀和功能障碍。因此，该期的处理原则是改善伤部血液和淋巴循环，提高组织的新陈代谢，加速瘀血和渗出液的吸收以及坏死组织的清除，促进再生修复，防止或减少粘连形成。处理方法有理疗、按摩、针灸、药物痛点注射、外贴活血膏或外敷活血，其中热疗、按摩在此期治疗中极为重要。此外，随着伤情的好转，在不引起或加重疼痛的原则下，尽早进行伤肢的功能锻炼，以促进愈合和功能恢复。

（3）晚期：损伤组织已基本修复，但可能有粘连或瘢痕形成。损伤局部肿胀和压痛已消失，但功能尚未恢复，锻炼时仍感觉到微痛、酸胀或无力，个别严重者可能会出现伤部僵硬或功能受限等。因此，该期的处理原则是恢复和增强肌肉力量、关节功能；若有粘连或瘢痕，应尽量设法分离或软化。处理方法以按摩、理疗和功能锻炼为主，并配合中药熏洗和保护支持带的应用等。

#### 2. 慢性损伤

慢性损伤可由急性损伤因处理不当或运动过早转变而来，或因长期局部负荷过度，引起组织劳损，由微细损伤逐渐积累所致。

慢性损伤的处理原则是改善伤部的血液循环和新陈代谢，合理安排局部负担量。处理方法与急性损伤中、后期基本相同，其中以按摩和痛点注射可的松类药物的治疗效果较好。

## 五、易发运动损伤的处理

人体各部位的运动损伤较为复杂，下面将常见的运动损伤及处理方法归纳介绍如下。

### （一）肌肉损伤

#### 1. 征象

肌肉拉伤后，伤处疼痛、肿胀、压痛，肌肉紧张或痉挛，触之发硬。受伤肌肉做主动收缩或被动收缩或被动拉长的动作时，疼痛加重。肌肉严重拉伤时，患者在受伤时可感到或听到断裂声，疼痛和肿胀明显，皮下瘀血显著，运动功能出现严重障碍，肌肉出现收缩畸形。肌纤维部分断裂时，伤处可摸到凹陷；肌腹中间完全断裂时，出现"双驼峰"畸形；一端完全断裂时，肌肉收缩成"球状"畸形。

肌肉抗阻力收缩试验是检查肌肉拉伤的重要方法。在患者做受伤肌肉的主动收缩时，检查者对该活动施加一定的阻力，若在对抗过程中出现疼痛，其疼痛的部位即为拉伤肌肉的损伤处。例如，股后肌群拉伤时，患者仰卧和俯卧，膝关节微屈，检查者一手握住患者小腿，在患者用力屈膝时会给以一定的对抗力。

肌肉轻度拉伤应与锻炼后产生的肌肉酸痛相区别，因为两者的处理方法是不同的。一般而言，肌肉拉伤者多有外伤史，疼痛在受伤后即刻或不久后出现，疼痛的范围较小，最痛点只局限于拉伤处，成锐痛，继续活动时疼痛加重，休息1～2天后症状不消失。锻炼后产生的肌肉酸痛者无外伤史，酸痛多在运动结束后出现，疼痛的范围较广，呈酸胀性钝痛，无局限性的最痛点，继续活动时症状不加重，经1～2天休息后酸痛明显减轻或消失。

#### 2. 处理

肌肉微细损伤或少量肌纤维断裂时，立即冷敷、加压包扎并抬高伤肢，注意局部休息。疼痛较重者可口服镇静、止痛剂。24h 后可外敷中药、痛点药物注射、理疗或按摩等。

肌纤维大部分断裂或肌肉完全断裂者，经加压包扎等急救处理后，应被立即送至医院，及早接受手术缝合治疗。

#### 3. 预防

在剧烈运动前，要做充分的准备活动；平时要结合运动项目的特点，加强易伤肌肉的力量和柔韧性训练；锻炼中要注意观察肌肉反应，如肌肉硬度、韧性和疲劳程度等，若出现肌肉僵硬或疲劳时，可进行按摩并减少运动强度；改正技术动作的缺点，正确掌握跑、跳和投掷等的技术要领；注意锻炼环境的温度、湿度和运动场地情况。治愈后再参加锻炼时，要注意循序渐进，以防再伤。

### （二）关节韧带损伤

#### 1. 征象

伤后局部疼痛、肿胀，若伤及关节滑膜或韧带断裂及合并关节内其他组织损伤，则会出现整个关节肿胀或血肿，局部有明显压痛，关节运动功能出现障碍，轻者关节活动受限，不能着力；韧带完全断裂或撕脱时，关节有不稳或松动感，关节功能出现明显障碍。

关节侧搬试验是检查韧带损伤的重要方法，若出现疼痛，则属韧带扭伤或少量纤维断裂；如果出现"关节松动"或超常范围的活动，则属韧带完全断裂。例如，检查踝关节外侧韧带时，一手握住患者前足，另一手握住小腿下部，被动使足内翻；检查膝关节内侧韧带时，患膝微屈，检查者一手向内推大腿，另一手握住小腿使其外展。

关节韧带损伤时，常可合并其他损伤，如膝关节内侧韧带损伤，可合并内侧半月板、十字韧带损伤；踝关节外侧韧带损伤时，可合并跗骨窦韧带、副舟骨损伤或第五跖骨基底部骨折等。因此，应仔细检查以免漏诊，必要时需做 X 光拍片以鉴别诊断。

### 2. 处理

关节韧带扭伤或部分韧带纤维断裂者，伤后立即做冷敷，加压包扎，抬高伤肢并休息，以减轻出血和肿胀。24～48h 后，拆除包扎固定，根据伤情可采用中药外敷、痛点药物注射、理疗和按摩等，但热疗和按摩在开始时只能施于伤部周围，三天后才可用于局部。韧带完全断裂者，经急救处理后被送至医院，以得到早期手术缝合或固定。关节韧带受到损伤时，当关节肿胀或疼痛减轻后，在不引起疼痛或疼痛加重的原则下，尽早进行伤肢功能性活动，防止发生肌肉萎缩和组织粘连，以促进功能恢复。

### 3. 预防

平时要注意加强关节周围肌肉力量和韧带柔韧性练习，以提高关节稳定性和活动度；运动前要做充分的准备活动；要正确掌握跑、跳和投掷等的技术，运动中要注意加强保护和自我保护；做好运动场地设备的维修与保管，消除引起外伤的各种因素。

## （三）骨折

### 1. 骨折的分类

按骨折的原因，分为外伤性骨折和病理性骨折，在体育运动中所发生的骨折，多为暴力作用所引起的外伤性骨折；按骨折的程度，可分为完全骨折和不完全骨折；按骨折周围软组织损伤的病理，可分为闭合性骨折和开放性骨折；等等。

### 2. 骨折的征象

骨折的征象可分为局部征象和全身症状两方面。

局部征象有：

（1）疼痛：发生骨折的当时，疼痛较轻，但随后疼痛加重，活动肢体时更痛，持续剧痛可发生休克。

（2）肿胀和皮下瘀血：骨和周围软组织的血管破裂，发生局部出血和肿胀。若软组织较薄，骨折的部位表浅，血肿渗入皮下，则形成青紫色皮下瘀血。

（3）功能障碍：因疼痛、肌肉痉挛、骨杠杆作用破坏和周围软组织损伤等，肢体多不能站立、行走或活动。

（4）畸形：完全骨折时，暴力作用和肌肉痉挛常使骨折断端移位，出现伤肢缩短、侧突成角或旋转畸形。

（5）压痛和震痛：骨折处有敏锐的压痛，有时轻轻叩击远离骨折的部位，在骨折处也会出现疼痛，这是骨折诊断最常用的方法。

骨折最后确诊需 X 光拍片，以进一步了解骨折局部的病理状况变化。严重的骨折常伴有明显的出血剧痛、神经损伤引起休克以及发烧、口渴等全身症状。

### 3. 骨折的急救原则

骨折是一种严重的运动损伤，急救时要贯彻如下原则：

（1）防治休克：严重骨折、多发骨折或同时合并其他损伤的伤员，易发生休克。急救时要注意预防，若有休克症状，则必须先抗休克，再处理骨折。

（2）就地固定：骨折后及时固定，可避免断端移动，防止加重损伤；固定后伤肢较为稳定与安静，可减轻疼痛，且便于伤员转运。因此，未经固定，不可随意移动伤员，尤其是大腿、小腿和脊柱骨折的伤员。

（3）先止血再包扎：伤员有伤口出血时，应先止血，清洗创口，再包扎伤口并固定。

### 4. 急救固定方法

（1）夹板固定：应先将骨折远端稍加牵引，然后再固定，且松紧要适度。

（2）自己固定：在没有夹板或其他可以代用材料的情况下，可利用伤者自己的躯干及肢体用三角巾或绷带临时固定，如上肢固定于躯干，下肢固定于健侧。

（3）其他物体固定：利用其他有适度硬度、韧性、长度和宽度的物体，代替夹板固定。无论用哪种物体固定，都需要跨关节固定。

对脊柱骨折或有此怀疑的伤者，千万不要急急忙忙地将其从地上"救起"，应以硬床板搬运，需几个人同时将其翻转到床板上，翻转要同步，勿使脊柱发生扭转，严禁徒手搬运或徒手将其抬到担架上。搬运时，最好采用俯卧位，若仰卧位则应在伤处加衬垫物，使脊柱呈过伸姿势，勿使其发生扭转和前弯屈曲，以免损伤脊髓而造成瘫痪。

# 第四章　运动竞赛与竞赛编排

## 第一节　校园运动竞赛的意义和形式

党的二十大报告"推进文化自信自强，铸就社会主义文化新辉煌"的报告部分，再次重申强调要加快建设体育强国的目标。我国若想真正实现体育强国的伟业，则需使我国的群众体育、竞技体育、体育产业等多点开花，得到全面协调地发展。体育强国的基础在于群众体育，而外显则在于竞技体育。运动竞赛是各种体育运动项目比赛的总称。竞赛是体育运动的显著特点之一，它对促进体育事业的发展、推动体育运动的普及、促进运动技术水平的提高和检查训练工作的效果、加强团结、增进友谊、交流经验和技术、发现和培养各级体育人才、丰富业余文化生活、培养优良的品质和集体主义精神等具有积极的意义。运动竞赛的分类方法较多，按竞赛任务的不同可以分为综合性竞赛和单项竞赛两大类。

### 一、综合性竞赛

综合性竞赛一般称为运动会或综合性运动会。它是包括若干个运动项目的比赛，其任务是全面检查各项运动普及与提高的情况，总结和交流经验，推动体育运动的发展，如省大学生运动会、全国大学生运动会、全国运动会、亚洲运动会、奥林匹克运动会等。这类比赛由于比赛项目多、规模大、组织工作比较复杂，通常都是每四年举行一次。

### 二、单项竞赛

单项竞赛以一个运动项目比赛为内容，可分为以下几种。

#### （一）锦标赛

锦标赛是为检查、总结某一运动项目的开展情况和教学训练经验，确定冠军和名次，促使该项运动不断发展而举行的单项比赛，如全国大学生篮球锦标赛、乒乓球锦标赛、网球锦标赛等；有时它也被称为冠军赛或杯赛。

#### （二）邀请赛和友谊赛

邀请赛和友谊赛是由一个或几个单位、学校或国家，邀请其他单位、学校或国家参加的竞赛，其目的是增进友谊和团结，互相学习，共同提高某一运动项目的技术水平，如广州国际女子足球邀请赛、华南理工大学举行的亚洲大学生田径邀请赛等。同时，各种访问比赛一

### （三）对抗赛

对抗赛是由两个或两个以上实力相近的单位或国家联合举办的竞赛，其目的是交流经验、切磋技艺、取长补短、共同提高，如中日两国田径对抗赛、中朝两国乒乓球对抗赛、欧亚两洲乒乓球对抗赛等。

### （四）等级赛

等级赛是按运动员不同技术水平分别举行的比赛，其目的是鼓励和促进运动员提高运动技术水平，争取保级和升级，如篮球甲级联赛、足球甲级联赛等。

### （五）选拔赛

选拔赛是为了发现和挑选运动员以组织或补充某一级代表队，准备参加高一级的竞赛而举行的比赛，如学校内部的各种球类的新生选拔赛等。

### （六）测验赛

测验赛是为了达到一定的标准或了解运动员提高成绩的情况而组织的比赛，如田径、游泳训练中的测验赛。这种比赛一般只记成绩，不记名次。

### （七）及格赛

一般在参赛人数较多，有可能影响正式比赛的正常运行时，先举行及格赛，达到预定的成绩标准者，才能参加正式比赛，如奥林匹克运动会的跳远、跳高及格赛等。

### （八）表演赛

表演赛是为了宣传体育运动、扩大体育运动的影响而举行的比赛。它注重技术和战术的充分发挥，一般不记名次，是带有示范性、娱乐性的比赛，如国家女子排球队分别与香港男子排球队和台山男子排球队的比赛就具有表演赛的性质。

## 第二节　校园运动竞赛的组织工作

球类运动是人们最喜欢的运动项目，它的群众基础好，参加它的人数多，社区、学校经常举行各种球类比赛，所以为使比赛顺利进行，必须有周密的组织和科学的编排方法。

虽然球类运动竞赛按规模可分为不同的种类，即规模小的为班级竞赛，中等的为学校级竞赛，大的为省级、国家级竞赛，但组织工作是大同小异的。

### 一、竞赛前的组织工作

#### （一）规程的制定与印发

举行任何一次球类竞赛，都必须在比赛前制定出有法规效用的规程，凡参加竞赛的单位、运动员、裁判员甚至官员都必须遵守,否则就不能参加比赛。规程按有关程序通过后,一般不得更改,如确有不合理的地方,也要通过组织委员会在报名之前进行修改和补充,当报名截止后规程就不能再作改动,尤其是比赛开始之后。规程的内容包括:主办单位、承办单位、协办单位、参赛单位、竞赛日期和地点、参赛条件、报名办法、竞赛办法、比赛服装、计分办法、录取名次与奖励、报到日期等。

### (二)裁判员的聘请与培养

裁判员是某次竞赛的组织者,也是比赛场上的执法官。裁判员水平的高低,很大程度上制约着运动会能否顺利进行。所以裁判员的聘请和培养是赛前准备工作不可忽视的重要部分。一般情况下,裁判员要在正式开赛前3~5天集中进行比赛规则的学习和临场实习。

### (三)召开秘书长或领队会议

比赛开始前,必须召开一次或多次各代表团秘书长或领队会议,会议内容包括:
(1)向与会成员说明执行规程的要求,动员一切人员要严格执行规程中的各项内容。
(2)向与会者宣布比赛期间的有关纪律规定。
(3)向与会者提示在比赛中必须注意的有关事宜。
(4)进行抽签(限于球类比赛)。

### (四)有关比赛赛程和各种表格的制定与印发

## 二、比赛期间的工作

比赛开始后仍然有不少工作要做,一般情况有:
(1)掌握比赛的进程。
(2)每场比赛成绩的公布。
(3)处理比赛中出现的纠纷。

## 三、比赛后的工作

(1)比赛总名次的公布。
(2)对比赛中出现的违规行为作出处理意见,并形成文件通报给有关单位。

## 第三节  校园运动竞赛常用赛制

球类比赛,不论规模大小,其编排方法都是一致的。竞赛方法一般有循环制、淘汰制和混合制三种。

## 一、循环制

循环制又分单循环、双循环和分组循环三种。

### （一）单循环

单循环就是所有参加比赛的队都要相互比赛一次，最后按照全部比赛过程中胜负场数与得分多少排列名次，这是一种比较公平合理的竞赛方法。一般在参加比赛的队数不多，又有足够的竞赛时间时采用。

**1. 比赛轮次和场数的计算方法**

（1）比赛轮次：在循环比赛中，各队都参加完一场比赛，即为一轮。参加比赛队数为单数时，比赛轮数等于队数。如7个队参加比赛，则比赛轮数为7轮；参加比赛队数为双数时，比赛轮数等于队数减1。如8个队参加比赛，则比赛轮数为7轮。

（2）比赛场数：单循环比赛的场数可用下面公式来计算：

$$比赛场数 = [队数 \times (队数 - 1)] / 2$$

如8个队或5个队参加比赛，则比赛场数为：

$$\frac{8 \times (8-1)}{2} = 28（场） \quad \frac{5 \times (5-1)}{2} = 10（场）$$

由此可知：8个队进行比赛，需比赛7轮、28场；5个队进行比赛，需比赛5轮、10场。

**2. 单循环比赛秩序的编排方法**

（1）排出各轮次的比赛表：参加比赛的单位用数字代表并依序排列。这个排列可以按照上届比赛的名次或报名先后顺序，也可通过抽签排出顺序。如果参加比赛队数是双数，则先把参加队数平分为左、右两部分，再将左半部分的号数由1依次往下竖排，将右半部分的号数依序由下至上竖排，再用横线把两排相对的号数连起来，这就是第一轮的比赛顺序。以后各轮次的循环方法是把1号固定不动，其余号数按逆时针（或顺时针）方向移动一个位置，再用横线把相对的号数连接起来。

如果参加比赛的队数是单数，则用"0"代替一个队使之成为双数，然后按上述单循环办法排表，与"0"排在一起的队就是轮空队。

（2）抽签：各队抽签后，按抽签的号数把队名填入轮次表中，然后排出比赛日程表。其余各轮次按同样方法填写。

（3）编排比赛日程表：根据轮次表来编排比赛日程表。编排时，必须保证各队在规定的正式比赛场地比赛的机会尽量均等；两次比赛之间的休息时间应大体一样；白天和晚上比赛的次数应当尽量相同；一个单位有男、女队时应尽量安排在同一场地进行比赛等。

编排比赛日程表时，首先排出草表，经过反复核对无误后，再印发给各队。

（4）比赛成绩记录表：把赛前制定好的成绩记录表贴在引人注目的地方，比赛结束后，立即把当天比赛成绩登记在记录表上。

### （二）双循环

双循环多在参加比赛人数较少时采用。它比单循环增加了一倍的比赛机会。参加比赛的队在比赛中均能相遇两次，最后按各队在全部比赛中的胜负场数、得分多少排列名次。双循环比赛秩序的编排、成绩表的格式与单循环的相同。在记录成绩栏上部记第一次循环成绩，下部记第二次循环成绩。但目前双循环制在排球比赛中已很少采用。

### （三）分组循环

分组循环就是将参加比赛的队分为若干组，分别进行单循环比赛。在小组排定名次后，再进行第二阶段的比赛。这种制度一般在参加比赛的队数较多而竞赛时间较短时采用。

## 二、淘汰制

淘汰制有单淘汰、双淘汰、淘汰附加赛、交叉淘汰等，但它们都是以单淘汰为基础的。

淘汰制的优点：能在较短的时间内完成较多的队（人）比赛的任务。如8个队比赛只有7场，16个队比赛也只有15场，其计算场数的公式为：参赛队数减1。

淘汰制的缺点：比赛结束，所产生的冠军，不一定是本次比赛队中技术水平最高的队。

## 三、混合制

在一次竞赛中，同时采用淘汰制和循环制叫混合制。参加比赛队数较多时，可采用先用单淘汰制后用单循环制的混合制比赛方法；或者把比赛分成两个阶段，前一阶段采用分组循环，后一阶段采用淘汰制进行决赛；或者相反。当前，一些国内基层单位比赛时也经常采用分组循环交叉法。这种编排方法分预赛、复赛和决赛三个阶段。

# 实 践 篇

# 第五章　田径健身运动

## 第一节　田径运动的概述

### 一、田径运动的概念

田径运动是以走、跑、跳、投等运动技能组成的以个人为主的运动项目。田径运动历史悠久，在古代、近代奥运会及其他重大赛事中都一直是在主运动场上举行的，是设奖项最多的、最主要的竞赛项目。在我国，田径运动是学校体育课中的重要教学内容。

### 二、田径运动的分类

#### 1. 径赛项目
径赛项目明细如表 5-1 所示。

表 5-1　径赛项目明细

| 项目类别 | 具体项目 | | |
|---|---|---|---|
| 短距离跑 | 100m 短跑 | 200m 短跑 | 400m 短路 |
| 中距离跑 | 800m 跑 | 1 500m 跑 | 3 000m 跑 |
| 长距离跑 | 5 000m 跑 | 10 000m 跑 | 马拉松（约 42.195km） |
| 跨栏跑 | 110m 栏（男） | 100m 栏（女） | 400m 栏 |
| 接力跑 | 4×100m 接力 | 4×400m 接力 | |
| 障碍跑 | 3 000m 障碍 | | |
| 竞走 | 20km 竞走 | 50km 竞走 | |

#### 2. 田赛项目
主要田赛项目如表 5-2 所示。

表 5-2　主要田赛项目

| 跳高 | 撑竿跳高 | 跳远 | 三级跳远 |
|---|---|---|---|
| 铅球 | 铁饼 | 链球 | 标枪 |

**3. 全能项目**

全能项目如表 5-3 所示。

表 5-3　全能项目

| 男子十项全能 | 女子七项全能 |
|---|---|
| 100m、跳远、铅球、跳高、400m、110m 栏、铁饼、撑竿跳高、标枪、1 500m | 100m 栏、跳高、铅球、200m、跳远、标枪、800m |

## 三、田径运动的特征

### 1. 与生活密切相关

走、跑、跳、掷是人类生活的基本技能，也是田径运动项目中最基本的运动形式。这些自然动作和技能对学习掌握田径运动各项技术有着十分重要的作用，这些自然动作规范，有助于正确地、较快地掌握田径运动技术。

### 2. 具有广泛性

田径运动具有个体性，又具有广泛的群众性。田径运动除接力跑外，都是以个人为单位参加比赛的运动项目，团体成绩和名次大都是由个人成绩和名次及接力跑成绩名次的计分相加决定的。田径运动是体育运动中最大的一个项目，它包括五大类的很多单项，是任何大型运动会中比赛项目最多、参赛运动员最多的项目。

### 3. 简易可行

参加田径运动很少受到条件限制。男女老少都可以在平原、田野、草地、小道、公路、河滩、沙地、丘陵、山冈、公园等较宽、安全的地带从事田径运动。基层田径比赛从实际出发，因地制宜，使用简易的场地器材和设备就可举行基层田径运动会。

### 4. 促进身心健康

田径运动中各单项和全能项目，对人体形态、主要身体素质水平和心理机能等有不同的促进作用，运动员可以从个人实际和特点出发，选择运动项目，掌握具有个人特点的先进、合理的运动技术，成就身心健康。

# 第二节　田径健身运动概述

## 一、田径健身运动的定义与属性

田径健身运动是以健身为目标的多种走、跑、跳、投的练习或运动方式的总和。田径健

第五章 田径健身运动

身运动以健康为目标，以现代科学技术、运动与健康基础理论为基础，全面发展人的基础运动能力。田径健身运动以接近人体自然的走、跑、跳跃、投掷等运动方式，有效而全面地提高身体素质和基础运动能力，在学校体育教学中具有重要的基础地位和作用。

无论是田径竞技运动，还是田径健身运动，它们都具有竞技与健身的双重属性，但两者各有侧重，如表 5-4 所示。田径竞技运动的健身性表现为运动训练过程对人的身体素质和运动技能发展的积极作用，而田径健身运动的竞技性则表现为练习者自身或与同伴之间的基本运动能力的比较。

表 5-4 两种属性的对比

| 竞技运动属性 | 健身运动属性 |
| --- | --- |
| 1. 面向少数具有田径运动天赋的运动员<br>2. 掌握完善的特定技术，进行大运动量训练，达到向运动极限冲击的目的<br>3. 以专业训练理论为指导，科学训练<br>4. 有规定的比赛项目、规则和要求<br>5. 对运动场地、器材有严格的规定<br>6. 提高专项运动技术水平 | 1. 面向全体学生和练习者<br>2. 掌握基本技术，选择健身性运动负荷，达到最佳健身锻炼效果<br>3. 以健身基础理论为指导，科学健身<br>4. 有丰富的练习内容、形式和方法<br>5. 对运动场地、器材没有严格规定<br>6. 全面发展基础运动能力 |

## 二、田径健身运动的特点

田径运动作为一个基础性运动项目，是一项可行性较强且健身价值较高的运动项目，易于在群众中推广和普及。通过适当的田径运动，可以锻炼身体的协调性、灵敏性，增强身体力量、速度及体制，培养人体智力及非智力因素。全民健身是实现人类健康发展的重要措施，通过身体锻炼能增强身体机能，提高身体素质。

随着时代的发展，全民健身是全民健康的保证。田径运动有它本身固有的魅力和人类不断赋予它的新内涵。在促进全民健身计划中它具有如下独特的特点。

### 1. 田径运动项目多、内容丰富

田径运动项目较其他运动项目来说，没有统一的内容，其涉及内容广、运动项目多、锻炼形式多样，能让人不断体验新的项目，如：散步、慢跑、掷垒球，各种跳跃练习，跨越障碍，等等。另外，田径运动选择面广，练习者可根据自身的实际情况调控运动负荷，从而满足不同年龄层次和群体的健身要求，如参加田径运动锻炼完全不受性别限制，男女老少皆宜。在学校、机关、各行业系统组织的全民健身活动中，男女老少踊跃参加各种田径趣味比赛的场面时常可见。

### 2. 田径运动经济又具实用性

从我国目前的经济情况分析，一部分家庭已率先进入小康水平，而大多数的家庭仍处于温饱阶段，这就决定了在短时期内，社会和个人对体育都不会有太大的投资；从我国居民的居住环境现状来看，我国城市住房的改革、"安居工程"的实施，使城市的居住条件大有改观，但由于人口、土地、城市规模等多方面因素的制约，在城市绝大多数的居民点内，可供大众进行体育锻炼的设施状况，在现阶段内不可能有太大的改观；从体育投资来看，我国目前人均体育经费一年也只有几角钱，体育活动场馆、运动器材严重不足，远远满足不了大众进行体育锻炼的需要。面对我国经济水平不高、体育设施不足的现状，田径运动则充分显示了其经济实用的价值优势。普及开展以健身为目的的田径运动，大众不投资或少投资就可进行锻炼，既经济又具实用性。

**3. 田径运动适于在全国范围内广泛开展**

目前，我们国家还不是很富裕，特别是部分不发达地区缺少正规的训练和比赛场馆，设施严重缺乏。在这些地区，大部分运动项目因缺少最基本的器材和场地，无法开展，如参加排球运动锻炼至少应该有一个球，参加乒乓球运动至少要有球、球拍、球台。

在这种情况下，田径运动锻炼在简易条件下就可以开展的优势显得尤为突出。例如：有一块长30m的空地就可以进行25m往返跑、迎面接力跑、加速跑。在小路上能练长跑；在公园内可以散步；石块可用来练投掷；有一个沙坑就能做跳跃练习；草原上的牧童跳越羊圈、栅栏进行"跨栏"比赛；远洋舰上的官兵推掷炮弹壳；工厂的工人投掷铁锤，进行"投掷"比赛；等等。总之，有可利用的场地，"器材"随处可寻。正是这些得天独厚的有利条件，使田径运动能够在祖国的大江南北、学校、机关、工厂、农村、部队广泛深入地开展起来。

**4. 学校体育与终身体育接轨的衔接优势**

学校是培养学生终身体育意识、能力和习惯的重要阶段。各级各类学校都把田径运动作为重要的体育授课内容。一些院校开设的田径选修课、田径健身课、田径运动处方课和田径课外活动协会等，由于学生踊跃报名、锻炼积极性很高，收到了很好的健身、防病、娱乐、审美的教学效果。学校体育通过大力普及开展田径健身运动，不仅能有效地调动和激发学生参加锻炼的兴趣和积极性、增进学生健康，而且能帮助学生掌握行之有效和简单、经济、实用的田径健身术。这正是学校体育与终身体育接轨的最优手段，有利于培养学生树立终身体育意识，养成终身体育锻炼的习惯，使学生毕业后走向社会，不仅能自觉坚持体育锻炼，而且还能成为推进社会全民健身活动开展的骨干力量。

**5. 田径运动符合大众健身的需要**

田径运动中有许多项目的技术动作是人的自然本能动作。像走、跑这一类动作，人只要能够独立站立就能自然学会，因此，在参加田径运动锻炼时就无须从头学起，甚至不用专人指导，只要在某些技术环节上稍加注意，掌握一定的健身原则就能自己进行锻炼。这既节省了时间、人力，而且锻炼的实效性也好。而球类、体操、跳水等运动项目技术相对复杂，难度较大，不易掌握。特别是老年人和身体素质差的人学习起来困难更大。黑龙江行业系统群众体育锻炼现状调查表明：选择频率最高的体育运动项目是散步和长跑。出现这种情况最主要的原因就是散步和长跑简单、方便、健身效果好。

## 三、田径健身运动的价值

以上特点使得田径健身运动成为一项可行性强且健身价值较高的运动，在学校体育与健康课程中，可作为健身锻炼的有效手段和基础性内容。田径健身运动的价值主要表现在全面发展身体素质和运动能力的基础性方面。

**1. 为身体全面发展打好基础**

学校体育教学的本质是通过运动的方式促进人的身心全面发展。发展速度、力量、耐力和协调等基础素质是田径教学的重要任务和目标。各种走、跑、跳跃、投掷等练习，首先考虑的是发展学生全面的基础运动能力，发展这些基础性的运动能力，对青少年在生长发育阶段打好体能基础和素质基础有着重要的意义和作用。

**2. 为学习田径技术打好基础**

田径是人体走、跑、跳跃、投掷的典型运动方式，在学校田径教学中，通过多种形式的田径健身练习，能充分发展学生多种形式的走、跑、跳跃和投掷能力，为学习掌握这些田径技术打好基础。

**3. 为学习其他体育项目打好基础**

田径运动是各项运动的基础，其价值就在于提高身体素质的全面性和动作方式的基础性。通过多种形式的田径健身练习，能发展学生的基础运动能力和动作技巧，为他们学习球类运动项目、现代休闲体育项目和其他体育项目打好基础。

**4. 为培养体育意识与良好的心理素质打好基础**

田径健身练习运动员负荷相对较小，而练习的内容与方式丰富多样。田径运动与日常生活中的动作比较接近，故练习者进行练习的兴趣较高，练习效果好，练习者不易产生厌倦、排斥和畏惧心理，可以积极主动地参加学习和锻炼，并能够持之以恒地坚持练习。而经常进行田径健身锻炼，可以在发展身体运动能力的同时，养成锻炼身体的习惯和培养体育健身意识，并对健康心理素质培养产生积极的促进作用。

## 四、田径健身运动身体素质练习方法

### （一）发展快速跑的辅助性练习方法

（1）持哑铃摆臂，要领：两脚前后开立，手持哑铃屈臂成90°，前后大幅度摆动。

（2）原地高抬腿跑，要领：直立提踵，左腿高抬与地平行，右腿蹬地伸髋，左腿下压脚扒地，右腿高抬与地平行。两腿交替多次重复。

（3）高支撑高抬腿，要领：手扶肋木斜支撑，右腿屈膝高抬，下压落原地，左腿重复右腿动作。

（4）上台阶高抬腿跑，要领：大腿高抬，膝放松，小腿后折，加快高抬腿与下压扒地速度，上体保持正直、稳定。

（5）下坡途中跑，要领：快步频、加步长，体会省力、协调、放松技术以提高步频与步长。

（6）牵引跑，要领：步长加大，步频加快，在牵引控制下逐渐适应。

（7）起跑后跑20m、30m、50m、60m。

（8）站立式起跑，用较大的速度跑20m、30m、40m。

（9）行进间跑20m、50m。

（10）放松大步跑 0~150m、100~200m。

（11）顺风快跑 30~60m。

（12）下坡跑 30~60m，坡度不宜过大。

（13）加速跑 40~60m 或 80~100m。

（14）原地高抬腿跑 10~15s。

### （二）培养远跳能力的锻炼方法

（1）立定跳远，要领：两脚开立，两臂协调预摆几次，两腿用力蹬伸，收腹举腿前伸落地。

（2）原地立定跳远跳过橡皮筋，要领：橡皮筋两端固定在标枪上，高度为 30cm 左右，人距橡皮筋 60cm 处站立，立定跳远时尽量使大腿向胸前靠，同时使两腿尽量越过橡皮筋。

（3）原地两级跬跳，要领：跳箱高 30~50cm，人距沙坑 1.5m 站在跳箱上，两臂预摆，用力向前跳起，收腹举腿落沙坑。

（4）向前单足跳，要领：单脚连续向前大幅度远跳，两臂前后配合摆动。左、右腿交换练习。

（5）跨步跳，要领：腿积极前摆、蹬地，在空中形成大跨步，并保持片刻停留时间，接着前摆腿迅速落地，为下一次跨步跳做准备。

（6）连续兔跳，要领：全蹲或半蹲，两手体后互握，身体正直，两腿用力蹬地向前跳进。连续进行练习。

（7）跑 4~5 步蹲踞式跳远，要领：跑动起跳后在腾空步的基础上，两腿并拢收腹举腿前伸落地。

（8）连续单脚跳过实心球，要领：实心球间隔 2~2.5m，设置 15 个左右，双腿连续向前快速跳过实心球。

（9）连续单、双脚跳台阶，要领：20 级左右台阶，单足跳每次跳越 3~4 级。双足跳每次跳 2~4 级。

（10）连续起跳越过障碍，要领：先助跑，然后在距障碍 2m 左右处起跳腾空越过障碍，障碍高 30~50cm。

### （三）培养高跳能力的锻炼方法

（1）原地蹲起跳，要领：全蹲或半蹲，两臂后摆迅速向前上摆动，同时双腿用力向上跳起，使人体尽可能地获得最高的腾空高度。

（2）原地双足跳，要领：原地半蹲跳起，两腿并拢，屈膝团身，大腿尽量触及胸部，两臂协调配合摆动。

（3）原地单足换腿跳，要领：一腿蹬伸跳起，另一腿向上摆动，腾空时摆动腿下放，两腿并拢。起跳腿落地，摆动腿上步起跳。

（4）原地跳高起跳，要领：两腿前后开立，起跳腿在前，摆动腿在后，做跳高起跳练习。

（5）助跑摸高，要领：直线或弧线助跑起跳，单手或用头触及悬挂物。

（6）连续助跑起跳摸高，要领：放置多个悬挂物或利用自然环境，按照一定的要求连续助跑摸高。

（7）负重杠铃半蹲。

（8）负重杠铃全蹲跳。

（9）壶铃深蹲跳。

（10）肩负沙包立定跳远。

## （四）发展上肢肌肉力量的锻炼方法

（1）采用负担轻杠铃向前上方快挺和推举。
（2）仰卧或颈后推举杠铃。
（3）向上、向前、向侧方举哑铃。
（4）推掷实心球。
（5）甩推沙袋。
（6）用弹簧拉力器练习。
（7）向前、后、下牵引橡皮筋。
（8）爬竿、爬绳、爬肋木。
（9）拉绳上升。
（10）举较重的壶铃。
（11）俯卧撑。
（12）持哑铃摆臂。
（13）推墙撑。
（14）手指俯卧撑。
（15）悬垂或负重引体向上。
（16）在双杠上两手支撑行走或屈臂起。
（17）握肋木两臂屈伸，肋木前倒推起，肋木侧向举体。坐在木凳上，单手持哑铃向上做屈伸臂动作，两臂交替，连续练习。

## 第三节　田径运动考试内容与评分标准

### 一、考试内容与评分标准

田径体能考试内容及评分标准如表5-5所示。

表5-5　田径体能考试内容及评分标准

| 项目<br>分数 | 田径选项男生体能考试评分标准 | | | | | | | | |
|---|---|---|---|---|---|---|---|---|---|
| | 50m<br>s | 100m<br>s | 1 000m<br>s | 跳高<br>m | 跳远<br>m | 三级跳远<br>m | 铅球5kg<br>m | 实心球2kg<br>m | 引体向上<br>次 |
| 100 | 6.4 | 12.7 | 205 | 1.56 | 5.60 | 11.80 | 10.30 | 12.00 | 15 |
| 90 | 6.7 | 13.2 | 210 | 1.51 | 5.40 | 11.40 | 9.80 | 11.50 | 13 |
| 80 | 7.1 | 13.7 | 215 | 1.46 | 5.20 | 11.00 | 9.30 | 11.00 | 11 |
| 70 | 7.6 | 14.4 | 225 | 1.38 | 4.80 | 10.40 | 8.30 | 10.00 | 8 |
| 60 | 7.9 | 14.9 | 230 | 1.33 | 4.60 | 10.00 | 7.70 | 9.50 | 6 |
| 50 | 8.2 | 15.4 | 235 | 1.28 | 4.40 | 9.60 | 7.10 | 9.00 | 4 |
| 45 | 8.5 | 15.6 | 238 | 1.25 | 4.20 | 9.40 | 6.80 | 8.90 | 3 |

续表

| 项目\分数 | 田径选项女生体能考试评分标准 | | | | | | | | |
|---|---|---|---|---|---|---|---|---|---|
| | 50m s | 100m s | 800m s | 跳高 m | 跳远 m | 三级蛙跳 m | 铅球4kg m | 实心球2kg m | 仰卧起坐 次/1min |
| 100 | 7.4 | 14.7 | 223 | 1.36 | 4.80 | 7.20 | 8.20 | 8.80 | 44 |
| 90 | 7.7 | 15.3 | 228 | 1.32 | 4.60 | 6.70 | 7.70 | 8.20 | 40 |
| 80 | 8.0 | 15.9 | 233 | 1.28 | 4.40 | 6.20 | 7.20 | 7.60 | 36 |
| 70 | 8.5 | 16.9 | 243 | 1.22 | 4.00 | 5.40 | 6.30 | 6.40 | 30 |
| 60 | 8.7 | 17.3 | 248 | 1.18 | 3.80 | 4.90 | 5.80 | 5.80 | 26 |
| 50 | 8.9 | 17.7 | 253 | 1.14 | 3.60 | 4.40 | 5.30 | 5.20 | 22 |
| 45 | 9.0 | 17.9 | 255 | 1.10 | 3.50 | 4.20 | 5.00 | 4.90 | 20 |

## 二、400m 半圆式田径场各项径赛起点示意图

400m 半圆式田径场各项径赛起点示意图如图 5-1 所示。

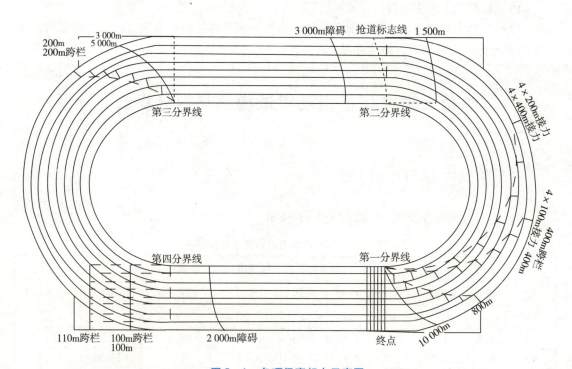

图 5-1　各项径赛起点示意图

# 第六章　篮球运动

## 第一节　篮球运动概述

篮球运动是一个集体运动项目,是在一定规则的要求下,将球投入对方的球篮,又尽量阻止对方将球投入自己的球篮的活动。每次投中球篮都会获得一定的分数并进行累计,在规定的时间内以得分的多少来决定比赛的胜负。概括来说,篮球运动就是参与者们围绕篮圈而进行的球的争夺。

### 一、篮球运动的起源

篮球运动是 1891 年,由美国马萨诸塞州普林菲尔德市基督教青年会训练学校的体育教师詹姆士·奈史密斯发明的。由于主要设备是挂在墙上的篮子和需要投中篮子的球,所以命名为篮球。后来随着美国文化和宗教等的扩张,通过基督教青年会组织以及其他交往,篮球迅速地向世界各地传播推广。

### 二、世界篮球运动的发展

1904 年在第三届奥运会上第一次进行了篮球表演赛,1908 年美国制定了全国统一的篮球比赛规则,并有多种文字版本向全世界发行。就这样,篮球运动逐渐传遍各地,成为世界性运动项目。1936 年第十一届奥运会将男子篮球列为正式比赛项目,并统一了世界篮球竞赛规则。在随后的几十年间,参与者的变化和技战术的发展导致了规则的不断改变,而规则的改变又促进了篮球运动的发展。现代篮球对篮球比赛中的攻守速度,对运动员的身体、技术、战术以及意志、作风等各方面都提出了更新、更高的要求。女子篮球则是 1976 年在第二十一届奥运会上被列为正式比赛项目的。

### 三、中国篮球运动的发展

篮球运动是在 1896 年由天津中华基督教青年会传入中国的,随后在北京、上海基督教青年会里也开展了此项活动。1910 年在南京举行的旧中国第一届运动会上进行了篮球表演赛后,篮球运动在全国的各大城市逐渐开展起来。1914 年在第二届全国运动会上男子篮球被列为正式比赛项目，1930年在第三届全国运动会上女子篮球被列为正式比赛项目。篮球运动在旧中国虽然有50多年的发展史，但由于受到当时社会发展状况的制约，其发展比较缓慢。

我国篮球运动得到真正的发展还是在1949年以后。新中国在成立之时就组成了大学生篮球队参加国际比赛。之后，国家又采取了一系列措施，如1950年邀请世界劲旅苏联队前来访问比赛并借此机会组织学习研讨等活动，极大地促进了篮球运动在我国的普及和提高。至20世纪50年代末，我国的篮球运动已接近世界先进水平。但在十年动乱的冲击下，篮球运动的发展出现了停滞和倒退，一度拉大了与世界强队的差距。1971年我国开始重新组织训练青少年运动员，1972年举办了全国五项球类运动会，逐步建立了自己的联赛体制，1973年恢复国际交往，1974年开始参加世界性比赛。我国的男、女队在1975年和1976年分别获得了亚洲冠军，确立了亚洲强队的地位并走向了世界。1995年，中国联赛的赛制改为跨年度的主客场联赛，简称CBA联赛。这一改革举措使中国的篮球运动进入了一个新的发展时期。后来，王治郅、姚明和巴特尔陆续加盟NBA（美国男子职业篮球联赛），他们凭借着出色的表现，使得中国篮球正征服着越来越多的世界球迷。

## 四、现代篮球运动的发展趋势

现代篮球运动首先表现为多层次性：职业竞技、群众业余、商业赞助等全方位发展。其次是现代篮球运动的商业和社会价值逐渐引起了政府、社会和企业的关注，来自他们较大的投入极大地改善了篮球运动的环境。

现代职业竞技篮球运动将继续向高、快、全、准、变等方向发展，场上变化越来越快，队员身体接触越来越频繁、剧烈，核心队员的特殊作用越来越突出。

高：主要包括身高、弹跳、高空技战术和空间对抗能力等，要成为世界强队必须具备一定的身高和出色的弹跳能力。目前世界强队中男队的平均身高为200～205cm，女队的平均身高为183～185cm。从近年来的发展变化来看，世界强队在提高技巧的同时，身高增长日趋缓慢，但体重明显增加，这说明身体的对抗将越来越激烈。

快：快速是篮球运动的核心和灵魂。由于进攻时间的限制，攻防转换的速度越来越快，比赛中各个环节的衔接也越来越快，运动员完成技术动作的速率及转换越来越快，各种有针对性的制约与反制约的变化也越来越快。但是，并不是在任何情况下都一味求快，节奏的控制与把握更能显示出控制比赛水平的高低。

准：准具体反映在投篮和传球的准确性上。其中首先以远投和强对抗下的投篮命中率为代表；其次表现为攻守技术运用的准确性的提高，以及实现技战术配合在时间、空间、节奏等方面的准确把握上。

全：要求运动员具备全面的身体机能、身体素质、心理、智力、思维、技战术水平、协同配合等攻守能力全面均衡。同时，队伍具备全面的风格，能兼容各种打法。

变：技战术的发展和规则的变化以及对手的具体特点等迫使运动员不断提高自身能力并适当调整技战术的运用。现代篮球运动既是实力的对抗，也是智谋的决战，在各队实力日趋接近的比赛中，如何面对赛场的千变万化已成为取胜的关键。

明星：现代篮球比赛中，明星队员的作用日趋重要，他们作风顽强、技术全面、特点突出、心理稳定、得分能力强、攻守兼备，在全队最困难最需要的时候，能挺身而出，率领全队渡过难关。

女子篮球男性化：现代女子篮球运动与男子篮球运动的差距越来越小，以前在男子篮球比赛中才出现的技战术，现在已经越来越频繁地出现在女子篮球比赛中。

## 第二节　篮球的基本技术

篮球技术是比赛中为了攻、守目的所采用的各种专门动作的总称，也可理解为在规则允许的情况下所采用的各种合理动作的总称，是参与篮球活动的基础。篮球运动基本动作技术主要包括移动、传接球、运球、持球突破、投篮等技术。

### 一、移动

移动是篮球运动中最基本的技术之一，是篮球运动员通过各种快速、灵活、突变的脚步动作，在全身协调配合下，使身体的位置、方向、速度等发生变化的基本技术。篮球运动员只有利用这一技术，才能更好地达到进攻时摆脱防守、防守时防住对手，以争取攻、守主动的目的。

### 二、传接球

#### （一）传球

**1. 双手胸前传球**

由双手持球的基本姿势开始，双臂借助下肢蹬地及腰腹等的协调力量迅速向传球方向前伸，同时，前臂内旋，双手大拇指快速下压，手腕快速前屈、抖动，通过食指、中指的拨球动作使球自然产生均匀的向后旋转，飞向预定目标。出球后，双手及手臂自然随向出球方向。整个动作过程应自然、协调、连贯，一气呵成，如图6-1所示。

图6-1　双手胸前传球

### 2. 双手反弹传球

离接球人三分之一处，是反弹传球的击地点。如果遇到防守人离传球人稍远或防守人后退协防内线队员，球则可在防守人脚侧击地反弹。球向后旋转击地反弹后，球减速向斜上方弹起，便于接球，其传球手法与双手胸前传球除腕部用力加大外基本相同，如图 6-2 所示。

图 6-2 双手反弹传球

## （二）接球

### 1. 单手接球

控制的范围大、可接不同方向的来球是单手接球的优势，不如双手接球牢稳则是它的劣势。单手接球有利于队员快速、灵活地发挥技术，但一般应尽量运用双手接球，如图 6-3 所示。

图 6-3 单手接球

以用右手接球为例。看到球正面而来，右脚应迅速迈出。双眼注视来球，接球时右臂微屈，手掌呈勺形，五指分开，迎接来球。当手接触球时，手臂顺势将球向后引，左手立即握球，双手将球握于胸腹之间，保持基本的接球姿势。

### 2. 双手接球

这是最基本也是比赛中最多用的接球方法。优点是握球牢稳，易于转换为其他动作。接球时，两眼要注视来球，两臂伸出迎接，五指自然张开或呈半圆形。当球接触手指时，手腕内收，手臂随球后引，缓冲球的冲力，把球接住，保持身体平衡，做好传球、投篮、突破的准备，如图 6-4、图 6-5 所示。

第六章　篮球运动

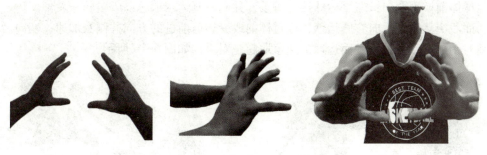

图 6-4　双手接球手型

图 6-5　双手接球

## 三、运球

### （一）高运球

运球时，球的反弹高度超过运球者的腰部以上，多以肩关节为轴，带动肘关节及手腕手指发力运球，多用于无防守队员接近时的运球推进。

### （二）低运球

运球时，球的反弹高度在运球者腰部或膝部以下，运球时以肘关节或腕关节为轴，带动手腕或手指发力运球，多用于靠近防守者或准备运球突破时。

### （三）运球变速（加速和急停）

要求注重加速或急停时的突然性，加速时以球领人，防止由于球太靠近身体而影响了速度的发挥。此时，球与身体的协调一致成为影响动作成功的关键。

### （四）运球变向

在运球前进的过程中突然改变行进的方向，称为运球变向。方向改变的突然性成为影响动作成功的关键。强调人体运动与球的运动协调一致，尽量使球成为身体的一部分。最常用的是运球体前换手变向：左手运球接近对手，并向左侧运球加速以吸引防守者偏离正常防守位置，而后突然用左手向右侧运球，经过体前改变运球前进的方向并侧身加速；变向后，换成远离对手的右手运球，继而运球加速争取超越对手，如图6-6所示。

图6-6 运球体前换手变向

## 四、持球突破

### （一）同侧步突破

同侧步突破也叫顺步突破。持球攻击者以左脚为中枢脚，突破前先降低身体重心并晃动；同时，右脚可试探性地向右前方跨出一步，并控制好身体重心。若防守者没有做出相应反应，则左脚迅速蹬地，右脚快速落地并立即转体侧身插肩，随后在左脚离地前推放球，并蹬右脚发力，形成交叉步运球加速，力争超越对手，如图6-7所示。

图6-7 同侧步突破

### （二）交叉步突破

交叉步突破也叫异侧步突破。持球攻击者以右脚为中枢脚，突破前向左侧运动；同时，迅速将左脚的同侧步蹬跨变为交叉步蹬跨，并立即转体侧向探肩，将球推离出手，形成交叉步运球加速，争取超越对手，如图6-8所示。

图6-8 交叉步突破

## 五、投篮

### （一）双手胸前投篮

两手把球举在胸前，胳膊肘自然下垂（不要外展），上半身稍前倾，两膝微屈，把身体的重心放在两脚之间，眼睛盯着目标。投篮时，两脚蹬地，腰腹伸展，两臂上伸，拇指向前压送，两手腕同时外翻，指端拨球，用拇指、食指、中指投出，腿、腰、臂自然伸直，如图6-9所示。

图6-9 双手胸前投篮

### （二）原地单手肩上投篮

将球放至胸腹之间，两脚张开的同时右脚稍微向前一些，把身体重心放在两脚间。胳膊肘弯曲，手指分开，掌心朝上，手腕向后仰，左手扶球侧，上身向前倾，两膝微屈。投篮时下肢蹬伸，同时伸腰展腹，抬肘上伸前臂，手腕前屈，以指端拨球，通过食、中指柔和用力将球投出，球离手后右臂自然跟进（以右手投篮为例），如图6-10所示。

图6-10 原地单手肩上投篮

### （三）原地跳起单手肩上投篮

将球放至胸腹之间，两脚左右（或前后）开立，身体重心在两脚之间，膝盖微屈，眼睛注视篮圈。起跳时两膝弯曲，脚掌蹬地，收腹伸腰，迅速摆臂举球，左手扶球左侧。当身体跳到最高点时，左手离球，右臂向前上方伸直，同时用突发性力量屈腕、压指，使球通过指端投出。球离手后身体自然落地，屈膝缓冲，准备冲抢篮板球或回防（以右手投篮为例），如图 6–11 所示。

图 6–11　原地跳起单手肩上投篮

### （四）行进间单手低手上篮

运球队员在结束运球变为持球的同时，右脚跨出第一步，接着左脚迈出第二步，利用落地的左脚踏跳，同时右腿膝关节自然弯曲并积极上摆，带动身体向前上方跳起，并随之将球自胸腹之间向起跳方向举起，借助起跳和伸臂的力量，以手腕手指自然前屈和上挑，使球产生自然的向前旋转，离开手指的指端，飞向瞄篮点（打板或空心），如图 6–12 所示。

图 6–12　行进间单手低手上篮

微课

原地单手肩上投篮　　双手胸前传接球　　篮球行进间单手上篮　　篮球双手胸前投篮　　篮球考试内容

## 第三节　篮球考试内容与评分标准

### 一、三角滑步

#### （一）方法

以三秒区端线的两端和罚球线的中心连成三角形为滑步区。受测者站于端线角，听到"开始"口令后（同时开表），沿三角形边线、底线连续滑步三周，到起动端线角为止，计算时间，评定成绩。

#### （二）规则

(1) 从中心角到端线角滑步时脸向外，端线滑步时脸向内。
(2) 滑步时必须一脚踏到三角形的角，否则根据情况给予扣分。
(3) 滑步过程中，只准滑步，不准用交叉步和跑步，否则给予扣分或考试无效。

#### （三）评分标准

达标分为该项得分的70%，另30%为技术评定分，两者之和为该项考试得分，如表6–1所示。

表6–1　三角滑步评分标准

| 性别\时间\得分 | 100 | 95 | 90 | 85 | 80 | 75 | 70 | 65 | 60 | 50 | 45 |
|---|---|---|---|---|---|---|---|---|---|---|---|
| 男 | 15″ | 15″7 | 16″5 | 17″2 | 18″ | 18″7 | 19″5 | 19″7 | 22″ | 22″5 | 23″2 |
| 女 | 18″ | 18″7 | 19″5 | 20″2 | 21″ | 21″7 | 22″2 | 23″ | 25″ | 25″5 | 25″7 |

### 二、定点投篮

#### （一）方法

男生站在罚球线上连续投10个篮，其他同学帮忙抢篮板，老师计算投中次数。女生可往前50cm。

#### （二）规则

男生要求跳投，女生可原地投篮，球离手后方能踩线。

## （三）评分标准

达标分为该项得分的70%，另30%为技术评定分，两者之和为该项考试得分，如表6-2所示。

表6-2 定点投篮评分标准

| 性别 \ 个数 \ 得分 | 100 | 95 | 85 | 75 | 60 | 45 | 40 |
|---|---|---|---|---|---|---|---|
| 男 | 7 | 6 | 5 | 4 | 3 | 2 | 1 |
| 女 | 6 | 5 | 4 | 3 | 2 | 1 | |

## 三、全场八字形运球上篮

### （一）方法

受测者持球于端线与三秒区限制线交叉点处，听到"开始"口令（同时开表）后，可斜线运球按图依次绕三个圆圈到另一端篮下投篮命中后，从另一方向或同一方向同样绕三个圆圈到本方篮下投篮，依此往返两次运球投篮，当第四球投中时停表，如图6-13所示。

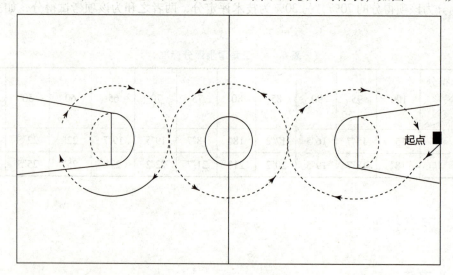

图6-13 全场八字形运球上篮

### （二）规则

运球前进时，球和脚不得触及圆周或进入圈内，不准带球跑，不准两次运球违例，每违例一次在该项成绩中加一秒。每方投篮次数不限，但必须投中后，才可运球返回。违者被视为考试不及格。

## （三）评分标准

达标分为该项得分的70%，另30%为技术评定分，两者之和为该项考试得分，如表6-3所示。

表6-3 全场八字形运球上篮评分标准

| 得分<br>时间<br>性别 | 100 | 95 | 90 | 85 | 80 | 75 | 70 | 65 | 60 | 50 | 45 |
|---|---|---|---|---|---|---|---|---|---|---|---|
| 男 | 30″ | 31″ | 32″5 | 33″4 | 35″ | 38″ | 40″ | 42″ | 45″ | 50″ | 53″ |
| 女 | 36″ | 37″ | 38″5 | 39″5 | 41″ | 43″ | 46″ | 48″ | 53″ | 54″ | 60″ |

## 四、半场往返运球上篮

### （一）方法

以一侧边线与中线交叉处为起点，快速运球至篮下投篮，投中后迅速接球运球至另一侧边线与中线交叉处转身继续向篮下运球投篮，以此类推，需投中四次，计算时间评分。

### （二）规则

运球前进时脚必须踩到交叉处才能转身。对违者给予扣分或成绩无效处理。每次投篮次数无限，但必须投中后才可继续运球前进，否则成绩无效。运球违例一次加一秒。

### （三）评分标准

达标分为该项得分的70%，另30%为技术评定分，两者之和为该项考试得分，如表6-4所示。

表6-4 半场往返运球上篮评分标准

| 得分<br>时间<br>性别 | 100 | 95 | 90 | 85 | 80 | 75 | 70 | 65 | 60 | 50 | 45 |
|---|---|---|---|---|---|---|---|---|---|---|---|
| 男 | 30″ | 31″ | 32″5 | 33″4 | 35″ | 38″ | 40″ | 42″ | 45″ | 50″ | 53″ |
| 女 | 36″ | 37″ | 38″5 | 39″5 | 41″ | 43″ | 46″ | 48″ | 53″ | 54″ | 60″ |

# 第七章　足球运动

## 第一节　足球运动概述

### 一、我国古代足球运动的发展

据史料考证，我国古代的足球游戏的诞生距今已有 2 500 年左右的历史。有可靠文字记载的是在战国时代（前 475—前 221 年）。当时战国时期的"蹴鞠"就是一种足球游戏，蹴或踢就是用脚踢的意思，鞠指的是球。这就说明当时战国已有足球游戏的存在；唐朝时期，蹴鞠的游戏得到广泛的开展，同时有所创新，用灌气的球代替了过去用毛发之物充填的球；宋朝时期，足球运动方面开始出现球会组织。元、明、清三个朝代，由于受前人踢球的影响，较多沿袭唐宋时代的踢法，没有多少进步，尤其是明朝，明太祖朱元璋明令"禁止踢足球"，于是民间玩儿蹴鞠游戏的人就寥寥无几了。

### 二、世界现代足球运动的诞生与发展

古代足球活动源于中国，现代足球运动则诞生于英格兰。1863 年 10 月 26 日，英国伦敦成立了英国足球联合会，这是世界上首次成立的第一个足球组织。联合会还制定了 14 条足球规则，因此，国际足坛把这一天定为现代足球运动的诞生日。

1885 年，英国足球开始走向职业发展之路并得到该国法律的认可，从此职业化足球在英国盛行起来。

随着国际交往的增多，特别是英国的海员、传教士、商人、工程师以及政界人士把现代足球运动传播到了世界各地。他们首先将其传播到了欧洲，再到南、北美洲，继而传到亚洲、大洋洲，最后传播到非洲等地。传播到各地的足球运动都是沿用英国足球联合会制定的足球规则，连踢球的技术和攻防模式也都是效仿英国人的。

1904 年 5 月 21 日，由法国发起，应邀了比利时、西班牙、荷兰、丹麦、瑞典、瑞士等国的足球协会的代表在巴黎召开了会议，成立了足球运动的国际性组织——国际足球联合会。

当前国际足球大赛有：世界杯足球赛、世界青年足球锦标赛、奥运会足球赛。

## 第二节 足球的基本技术

### 一、基本技术

#### （一）踢（传）球

**1. 脚内侧踢球**

踢定位球时，直线助跑，支撑脚踏在球的侧方 15cm 左右处，膝关节微屈，踢球腿以髋关节为轴由后向前摆动。摆动过程中屈膝外转，小腿加速前摆，脚尖稍翘起，脚底与地面平行，踝关节紧张。脚型固定，用脚内侧击球的后中部。

直接踢各个方向来的地滚球时，先对准来球，支撑脚指向出球方向，脚型固定，大腿摆动不大，小腿快速前摆击球，击球后小腿要突然停止前摆，脚触球时间要短，动作要有力。直接踢空中球时，大腿抬起，小腿拖在后面，脚内侧对准出球方向，利用小腿的摆动平敲球的后中部。如要踢出低球或高球，可分别踢球的后中上部或下部，如图 7-1 所示。

图 7-1 脚内侧踢球

**2. 脚背正面踢球**

这种方法由于踢球腿的摆幅大、摆速快，所以踢球力量大、较准确，但出球的变化较小。比赛中常用于射门和传球，如图 7-2 所示。

图 7-2 脚背正面踢球

（1）脚背正面踢定位球时，应采用直线助跑，支撑脚踏在球侧 10～15cm 处，脚尖正对出球方向，膝关节微屈，同时踢球腿顺势后摆，小腿屈曲放松，以髋关节为轴，大腿带动小腿由后向前摆。当膝关节摆至接近球的正上方的刹那，小腿做爆发式前摆，脚背绷直，脚趾扣紧，以脚背正面击球后中部，踢球腿提膝随球前摆。

（2）脚背正面踢反弹球时，首先要判断好球的落点，支撑脚踏在球侧，身体正对来球。当球将要落地时，踢球腿的小腿应急速前摆，在球刚反弹离地时，踢球的后中部，踢球腿提膝随球继续前摆。

（3）脚背正面侧身踢空中球时，身体侧对出球方向，上体向支撑脚一侧倾斜，踢球腿大腿高抬与地面平行，大腿带动小腿急速向出球方向挥摆，用脚背正面击球的后中部，身体随之向出球方向扭转，踢球后身体正对出球方向。

### 3. 脚背内侧踢球

这种方法由于踢球腿的摆幅大、摆速快，所以踢球的力量大。另外，助跑方向、支撑脚站位相对较灵活，所以踢出的球变化也较大，适用于远距离传球、各种定位球和中远距离的射门，如图 7-3 所示。

图 7-3　脚背内侧踢球

（1）踢定位球时，采用与出球方向成 45°的斜线助跑，支撑脚以脚掌外侧着地支撑身体，踏在球的侧后方 20～25cm 处，膝关节微屈，脚尖指向出球方向，身体稍向支撑脚一侧倾斜，踢球腿自然后摆；当身体转向出球方向时，踢球腿以髋关节为轴，大腿带动小腿由后向前摆动，膝关节摆至近球内侧上方的刹那，小腿做爆发式前摆，脚面绷直，脚趾紧扣，脚尖外指，以脚背内侧踢球的后中部，踢球腿随球继续前摆。

（2）搓踢过顶球时，动作与踢定位球基本相同，踢球脚不必过于绷直，踢球的后下部，有下切的动作。踢球后，脚不随球前摆，使球产生下旋。

（3）踢弧线球时，助跑、支撑脚站位与踢定位球动作相同，只是摆动腿方向不通过球的中心，在踢球的刹那，踝关节用力向里转并上翘，使球侧旋并沿一定弧线运行。

## （二）接（停）球

### 1. 脚内侧接（停）球

脚内侧接（停）球动作简单、容易掌握，加上脚触球面积大，所以接（停）球成功率较高。比赛中常用于接（停）地滚球、反弹球和空中球。

1）脚内侧接（停）地滚球

及时移动正对来球，支撑腿微屈，接（停）球腿屈膝外展前迎，脚内侧对准来球，脚尖微翘。当脚内侧与球接触的刹那自然后撤,把球接(停)在下一个动作需要的位置上。如需把球接(停)到自己的侧后方,则在接(停)球脚撤到支撑脚的侧方时,再继续以转体和接(停)球脚外展将球接(停)向侧后方,同时以支撑脚为轴使身体转向出球方向。脚内侧接(停)地滚球还可用推压法。当球运行到支撑脚的侧方或侧前方时,脚内侧推压球的侧后上部,同时脚尖内转,支撑脚以前脚掌为轴向接(停)球方向转动身体,如图7-4所示。

图7-4 脚内侧接(停)地滚球

2)脚内侧接(停)反弹球

先判断球的落点并及时移动到位,支撑脚踏在球的落点的侧前方,膝微屈,上体稍前倾并向接(停)球方向微转,接(停)球腿提起屈膝,脚尖稍翘,脚内侧对准球的反弹路线。当球落地刚反弹时,用脚内侧轻推球的后上部,如图7-5所示。

图7-5 脚内侧接(停)反弹球

3)脚内侧接(停)空中球

判断来球,迅速移动,针对来球,选择适宜的停球点,停球腿抬起屈膝,脚内侧对准来球路线前迎,在脚内侧与球接触的刹那后撤,把球接(停)在所需要的位置上。如果来球较平且有力,可将接(停)球腿屈膝抬起,触球前大腿积极下压,膝伸直,用脚内侧快速下切球的侧上部,将球接(停)在地上。用此方法接(停)球,落地后球还会跳动,需立即接下一个动作,如图7-6所示。

**2. 脚底接(停)球**

脚底接(停)球动作简便,易将球接稳,比赛中常用于接(停)地滚球和反弹球。

1)脚底接(停)地滚球

面对来球,支撑脚踏在球的侧后方,膝微屈,接(停)球腿稍提起,膝自然弯曲,脚

图7-6 脚内侧接（停）空中球

尖翘起，用前脚掌触球的中上部。

2）脚底接（停）反弹球

面对来球，判断落点，及时移动，支撑脚踏在球落点的侧后方，接（停）球腿屈膝抬起。当球落地反弹的刹那，接（停）球脚前伸，脚尖翘起，用脚掌触球的后上部，如图7-7所示。

图7-7 脚底接（停）反弹球

### 3. 脚背外侧接（停）球

脚背外侧接（停）球常与假动作结合起来使用，因此具有一定的隐蔽性，比赛中常用脚背外侧接（停）地滚球和反弹球。

1）脚背外侧接（停）地滚球

面对或侧对来球，接（停）球腿提起，屈膝，脚尖内转，以脚背外侧对准来球，在支撑脚的前侧接触球的侧中部，并向外侧轻拨，把球接（停）在侧前方或侧方，如图7-8所示。

图7-8 脚背外侧接（停）地滚球

2）脚背外侧接（停）反弹球

判断球的落点并及时移动，支撑脚站在球落点的侧后方，接（停）球腿提起屈膝，脚尖内转，接（停）球腿的小腿与地面成一定角度。在球落地反弹的刹那，用脚背外侧触球的侧上部，把球接（停）在体侧。

### 4. 大腿接（停）球

一般用来接（停）略高于膝的低平球或弧度较大的高空球，如图 7-9 所示。

图 7-9　大腿接球

大腿接（停）低平球时，及时移动，正对来球路线，接（停）球腿以大腿对准来球，屈膝前迎，在大腿与球接触的刹那，快速后撤，使球落于身体前。

大腿接（停）高空球时，及时移动，面对来球，接（停）球腿要比接低平球抬得高。在大腿与球接触的刹那，收撤大腿，使球落于身体前。

### 5. 胸部接（停）球

胸部接（停）球由于部位较高、面积大、富有弹性等特点，故能较早控制高球。具体有挺胸和收胸两种接（停）球方法。

挺胸接（停）球时，面对高于胸部的下落球，两脚前后或左右开立，两膝微屈。收下颌，两臂自然张开。在球与胸接触的刹那，两脚蹬地上挺，同时展腹，用胸部触球的下部，使球微向上方弹起，然后落于身体前，如图 7-10 所示。

图 7-10　挺胸接（停）球

收胸接（停）球时，面对齐胸高的平直球，两脚前后或左右开立，两臂自然张开，身体稍前倾，挺胸迎球。在球与胸部接触的刹那，收胸、收腹挡压球，缓冲来球的力量，把球接（停）于身体前面，如图7-11所示。

图7-11 收胸接（停）球

### （三）头顶球

#### 1. 前额正面顶球

原地前额正面顶球时，身体正对来球，两脚前后或左右开立，膝微屈，上体后仰重心置于后脚上，两臂自然张开，眼睛注视来球。在顶球前的刹那，后脚蹬地，身体重心由后脚移向前脚的同时，迅速向前摆体，收下颌，颈部紧张，用前额正面顶球的后中部，上体随顶出的球继续前摆，如图7-12所示。

图7-12 前额正面顶球

#### 2. 前额侧面顶球

原地前额侧面顶球时，两脚前后开立，来球方向的同侧脚在前，两膝微屈，身体重心置于后脚，上体和头部向出球的反方向回旋和侧屈，两臂自然张开。眼睛注视来球。当球运行到体前上方时，后脚用力蹬地，上体迅速向出球方向扭摆，同时颈部紧张甩头，用前额侧面击球的后中部，并随球继续摆动，如图7-13所示。

### （四）运球和运球过人

#### 1. 运球

1）脚内侧运球

这是运球技术中速度最慢的一种运球方法。当运球靠近对手需要用身体掩护球时，多采用脚内侧运球。

第七章 足球运动

图 7-13 前额侧面顶球

在运球时,支撑脚始终位于球的侧前方,膝关节微屈,运球脚的异侧肩指向运球方向,运球腿提起屈膝,用脚内侧推球前进,如图 7-14 所示。

图 7-14 脚内侧运球

2) 脚背内侧运球

适合于变向运球。多在向内改变方向并需要用身体掩护球的情况下使用。

运球跑动时身体自然放松,上体稍前倾并侧转,两臂自然摆动。运球脚提起时,膝关节微屈,脚跟提起,脚尖稍外转,在迈步前伸落地前,用脚背内侧推拨球。

3) 脚背外侧运球

多在快速奔跑和向外改变方向时使用。

运球跑时身体自然放松,上体稍前倾,两臂自然摆动,步幅不宜过大。运球脚提起时,膝关节稍屈,脚跟提起,脚尖稍内转。在迈步前伸着地前,用脚背外侧推拨球,如图 7-15 所示。

图 7-15 脚背外侧运球

### 2. 运球过人

1）拨球

拨球是用脚踝的扭拨动作，以脚背内侧或脚背外侧触球，把球拨向身体的侧前方、侧方、侧后方。当对手在正面伸腿抢球时，用拨球动作从对手的一侧越过，如图 7-16 所示。

图 7-16　运球过人

2）拉球

支撑腿在球的侧后方，另一只脚的脚掌触球的上部或侧上部，用脚掌将球由前向后或由左（右）向右（左）拖拉球。在对手出脚抢球的瞬间，将球拉回使对手抢球落空、重心偏移，然后自己迅速将球推出，从反方向越过对手，如图 7-17 所示。

图 7-17　拉球

3）扣球

用突然的转身和脚踝急转扣压动作以脚背内侧或脚背外侧触球，将球急停或改变方向运行。由于扣球有突然和变向的特点，所以能在对手来不及调整重心的瞬间从反方向过人，如图 7-18 所示。

图 7-18 扣球过人

## （五）颠球

### 1. 脚背正面颠球

支撑腿的膝关节微屈，身体重心移到支撑脚上。当球落至低于膝关节时，颠球腿的膝、踝关节适当放松，并柔和地稍向前上方甩动小腿、脚尖稍翘起。用脚背正面轻击球的底部，将球向上颠起。颠球不宜过高，略有下旋，如图 7-19 所示。

### 2. 脚内侧颠球

支撑腿的膝关节微屈，身体重心移至支撑脚上。当球下落到膝关节的高度时，颠球腿屈膝盘腿，脚内侧向上摆，脚内翻，使脚内侧呈水平状态。用脚内侧轻击球的底部，将球向上颠起，如图 7-20 所示。

图 7-19　脚背正面颠球

图 7-20　脚内侧颠球

**3. 脚外侧颠球**

　　支撑腿的膝关节微屈，上体向支撑脚一侧稍倾斜，重心移至支撑脚。当球下落至膝关节的高度时，颠球腿屈膝摆动，脚外侧向外上摆。脚外翻轻击球的底部，将球向上颠起，如图 7-21 所示。

图 7-21　脚外侧颠球

**4. 大腿颠球**

　　支撑腿的膝关节微屈，身体重心移至支撑脚上，两臂自然张开。当球下落到近膝关节高度时，颠球的大腿屈膝上摆。当大腿摆成水平状态时，用大腿正面击球的底部，将球向上颠起，如图 7-22 所示。

图 7-22 大腿颠球

#### 5. 头颠球

两腿左右或前后开立，膝关节微屈，身体重心下降，在两腿之间，两臂屈肘自然张开。头后仰使前额正面呈水平状态，当球下落到接近前额正面时，两脚同时柔和地向上蹬地，伸膝，用前额正面轻击球的底部，将球向上颠起，如图 7-23 所示。

图 7-23 头颠球

### （六）抢截球

#### 1. 正面跨步抢球

面向对手，两脚前后开立，两膝微屈，身体重心下降并置于两脚间。当运球者脚触球后即将着地或着地时，抢球者后脚用力蹬地并跨步向前，以脚内侧对着球从正面去堵截，支撑脚跟着前跨，身体重心移至抢球脚上。若双方的抢球脚同时触球，则抢球者应顺势向上提拉，使球从对手脚背滚过，同时身体重心要迅速跟上，把球控制好。如离球稍远，则可用脚尖将球捅掉，如图 7-24 所示。

#### 2. 侧面合理冲撞抢球

当与运球对手平行跑动或从后面追成平行跑动时，身体重心稍下降，靠近对手一侧的手臂要紧贴自己的身体。当对手远离自己一侧的脚离地时，用肘以上肩以下的部位，冲撞对手相应部位，使其失去平衡离开球，乘机将球控制在自己脚下，如图 7-25 所示。

图 7-24　正面跨步抢球

图 7-25　侧面合理冲撞抢球

## （七）守门员接球

**1. 接地滚球**

身体正对来球方向，两眼注视来球。准备接球时，两脚左右开立，一腿屈膝深蹲，另一腿屈膝以膝关节内侧接近地面或触及地面，整个身体呈单腿跪撑状。单腿跪撑腿的膝关节靠近深屈膝腿的脚跟部位，间隔距离不大于球的直径。上体前倾，手掌向前上正对来球，两手小指靠近，屈腕，两手臂下垂略屈肘前迎，整个手形呈"圆勺形"。在手指手掌触球瞬间，手指、手腕适当紧张用力，屈肘屈腕随球后撤缓冲，两臂靠近将球抱于胸前，如图 7-26 所示。

图 7-26　接地滚球

## 2. 接平射球

身体正对来球,两眼注视来球,两脚开立,与肩同宽,上体稍前倾,身体重心位于双脚上。两手掌心相对向斜前上方,手部形状呈"圆勺形",伸臂屈肘前迎。球触手时,手指手腕适当紧张用力,并屈肘回撤缓冲,将球抱于胸前,如图 7-27 所示。

图 7-27 接平射球

## 3. 接高空球

身体正对来球,两眼注视来球,两脚开立,与肩同宽,上体保持正直,身体重心位于双脚上。两手掌心相对向斜前方,手部形状呈"圆勺状",抬臂稍屈肘前迎,球触手时,手指手腕适当紧张用力,并屈肘回撤缓冲,将球抱于胸前,如图 7-28 所示。

图 7-28 接高空球

## 4. 扑球

两眼注视来球,身体重心降低并位于两前脚掌上;向侧面倒地时,异侧脚用力侧蹬,同侧脚屈膝迎球向斜前跨出,上体顺势加速倒地,同时双臂迅速伸出迎球,两手一手在球后封堵,一手在球上按压球,将球接住,并快速将球收回抱于胸前;同时,两腿屈膝回收在胸腔前保护身体躯干。侧扑接球倒地时小腿、大腿、臀部、肩和手臂外侧依次着地,以缓冲着地的碰撞,如图 7-29 所示。

## 5. 双拳击球

双拳击球时,在跳起上升阶段,双手握拳屈肘于胸前,两拳心相对,两拳并拢,在身体跳到最高点时,双拳同时迎球并将球击出,如图 7-30 所示。

图 7-29 扑球

图 7-30 双拳击球

微课

脚背正面颠球　　　脚内侧接地滚球　　　脚背内侧长传球　　　停高空球

## 第三节　足球考试内容与评分标准

### 一、颠球

**（一）方法**

受测者用下肢、胸部、头颠球。

**（二）规则**

颠球高度不限。

颠球过程中球落地或手臂触球时颠球即停，考试即止。

受测者用两脚、大腿部位颠球时，两脚/腿必须交替进行。单脚或大腿连续颠球时，颠球不予计算累计数。

### （三）评分标准

达标分为该项得分的70%，另30%为技术评定分，两者之和为该项考试得分，如表7-1所示。

表7-1 颠球评分标准

| 得分 | | 100 | 95 | 90 | 85 | 80 | 75 | 70 | 65 | 60 | 55 | 50 | 45 |
|---|---|---|---|---|---|---|---|---|---|---|---|---|---|
| 次数 | 男 | 50 | 45 | 40 | 35 | 30 | 25 | 20 | 15 | 10 | 8 | 7 | 6 |
| | 女 | 40 | 36 | 32 | 28 | 24 | 20 | 16 | 12 | 9 | 7 | 6 | 5 |

## 二、定位球踢远

### （一）方法

受测者将定位球凌空踢起，落在10m宽的范围内，按第一落点丈量成绩。

### （二）规则

受测者每人踢球三个，以最远的一个丈量成绩。

球必须凌空踢起，地滚球的远度为零。

球必须落在规定的场区内，触界线为有效球，球的整体出界为踢球失误。

### （三）评分标准

达标分为该项得分的70%，另30%为技术评定分，两者之和为该项考试得分，如表7-2所示。

表7-2 定位球踢远评分标准

| 得分 | | 100 | 95 | 90 | 85 | 80 | 75 | 70 | 65 | 60 | 55 | 50 | 45 |
|---|---|---|---|---|---|---|---|---|---|---|---|---|---|
| 远度/m | 男 | 40 | 38 | 36 | 34 | 32 | 30 | 28 | 26 | 24 | 22 | 20 | 18 |
| | 女 | 30 | 28 | 26 | 24 | 22 | 20 | 18 | 16 | 14 | 12 | 10 | 8 |

## 三、运球绕杆往返

### （一）方法

设杆五根并牢牢插入地面，每根杆之间相距4m，受测者听到"开始"口令（开表），即从起点线运球依次绕杆至最后一根杆后返回。当受测者运球越过起点线时停表,按所需时间来评定成绩,如图 7 – 31 所示。

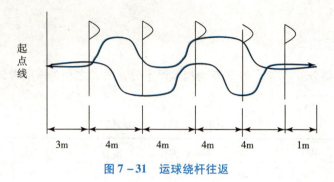

图 7 – 31 　运球绕杆往返

### (二) 规则

运球绕杆往返过程中,不得漏杆,否则不予计算成绩,并按考试一次论处。

### (三) 评分标准

达标分为该项得分的 70%,另 30% 为技术评定分,两者之和为该项考试得分,如表 7 – 3 所示。

表 7 – 3 　运球绕杆往返评分标准

| 得分 | | 100 | 95 | 90 | 85 | 80 | 75 | 70 | 65 | 60 | 55 | 50 | 45 |
|---|---|---|---|---|---|---|---|---|---|---|---|---|---|
| 时间 /s | 男 | 12.5 | 13 | 13.5 | 14 | 14.5 | 15 | 15.5 | 16 | 16.5 | 17 | 17.5 | 18 |
| | 女 | 16.5 | 17 | 17.5 | 18 | 18.5 | 19 | 19.5 | 20 | 20.5 | 21 | 21.5 | 22 |

# 第八章　排球运动

## 第一节　排球运动概述

排球运动是我国人民喜爱的运动项目，也是世界广泛开展的重要竞赛项目之一。比赛是两队各六名队员在长 18m、宽 9m 的场地上进行集体的攻防对抗，比赛场地由一条中线分为两个均等的场区，中线上空架有一定高度的球网，比赛的目的是队员根据既定的规则，将球击过球网，落在对方场区的地面上。

### 一、排球运动的起源与传播

1895 年美国人威廉·摩根首创了排球运动。1896 年美国开始有了排球比赛。最初的排球比赛没有人数规定，可在赛前由双方临时商定，原则上只要双方人数相等就行。排球运动在美国问世以后，由美国的传教士和参加战争的美国军官和士兵带到了世界各地。由于排球运动传入的时间及采用的规则不同，世界各国开展状况也不同，因而世界各地排球技术水平的发展很不平衡。1900 年排球运动首先传入加拿大，1905 年传入古巴，1912 年传入乌拉圭，1914 年传入墨西哥，传入亚洲的时间是 1900 年左右，首先传入日本，1910 年传入菲律宾。排球运动传入欧洲的时间稍晚，1917 年传入法国，以后才传入苏联、捷克斯洛伐克及波兰等东欧国家。

### 二、排球运动的健身功能

学生学习排球的基本知识、基本技术、基本战术，可以促进身体的生长发育，发展学生的速度、力量、耐力、灵敏、协调、柔韧等身体素质，提高心肺功能，具有参与体育锻炼的态度和行为，在学习排球的过程中，同学间相互交往、合作，可发展人际关系，促进学生身心的健康成长。

## 第二节　排球的基本技术

排球技术是在规则允许的条件下所采用的各种合理的击球动作。排球技术主要由步法和手法两部分组成。步法是指快速灵活的脚步移动和起跳动作,保持着人与球的合理位置关系。手法是指击球时手指、手腕、手臂用力和控制球的动作方法。

## 一、准备姿势和移动

准备姿势和移动是排球运动中运用最多的两项基本技术,它是完成传、发、扣、垫、拦各项击球技术的前提和基础,并对各项击球技术动作的运用起着重要的串联作用。

### (一)准备姿势

准备姿势的目的,一是迅速启动,快速移动接近来球,与球保持合理位置,以便完成各种击球动作;二是及时起跳、倒地和做各种击球动作。

准备姿势按身体重心的高低分为稍蹲、半蹲和低蹲三种,尤以半蹲准备姿势动作较多,如图8-1所示。

**1. 下肢姿势**

两脚左右开立比肩宽,两脚尖适当内收,脚跟稍提起。膝关节保持一定的弯曲程度。

**2. 身体姿势**

图8-1 准备姿势

上体前倾,重心靠前,膝部的垂直线应在脚尖前面。由于比赛中向前和斜前移动较多,因此身体重心前倾有利于向前或斜前方快速移动。

**3. 手臂的位置**

两臂放松,自然弯曲,双手置于腹前。这样既有利于移动时的摆臂,也便于随时伸臂做各种击球动作。

### (二)移动

移动的目的主要是及时接近球,保持好人与球的位置关系以便击球,同时也为了迅速占据场上的合理位置。移动是否及时到位,是一传、防守、拦网等被动技术完成效果好坏的关键。

**1. 移动前的准备**

应根据场上情况选择上述三种准备姿势之一,两脚的位置、膝关节的弯曲程度、身体重心位置、手臂位置等都要有利于随时改变移动的方向和迅速起动。

**2. 起动**

起动快慢是移动的关键,以向前移动为例,在正确准备姿势的基础上,迅速抬起前腿,收腹使上体向前探出。同时后腿迅速用力蹬地,使整个身体急速向前起动。为了使身体重心迅速前移,有时还可以在抬前腿之前,后腿适当向后错下一步,起到减小后蹲角、增加水平合力的作用。如果向左移,则抬左腿,身体向左移动并倾斜,右脚蹬地起动。

**3. 步法**

起动后采用的移动步法应根据临场技战术灵活运用。常用的步法包括并步、滑步、跨步、跨跳步、交叉步、跑步等。

## 二、正面上手传球

正面上手传球是传球中最基本的方法,是掌握和运用其他各种传球技术的基础。如图 8-2 所示。

图 8-2　正面上手传球

**1. 准备姿势**

采用稍蹲准备姿势,身体站稳,上体适当挺起看球,双手自然抬起,放松置于脸前。

**2. 迎球**

当来球接近额前时,开始蹬地、伸膝、伸臂,两手微张从脸前向前上方迎球。

**3. 击球**

击球点在额前上方约一球距离处。

**4. 手型**

当手触球时,两手应自然张开呈半球形,手腕稍后仰,以拇指、食指和中指托住球的后下部,手指、手腕保持适当的紧张,以承担球的压力。两拇指相对,接近"一"字形,两手间要有一定距离。用拇指内侧,食指全部,中指的二、三指节触球,无名指和小指在球两侧辅助控制传球方向。两肘适当分开,两前臂之间约成90°,如图 8-3 所示。

图 8-3　传球手型

**5. 用力**

传球动作是由多种力量合成的,如伸臂力量,手指、手腕的反弹力;伸腿蹬地的力量;主动屈指、屈腕的力量;球的弹力等。而正面传球主要靠伸臂的力量,并配合蹬地的力量,通过球压在手上位手指、手腕所产生的反弹力将球传出。

传球时要根据来球力量的大小和传出的远近而适当地控制伸臂速度和手指、手腕的紧张程度，并有意识地运用手指、手腕适度的紧张来缓冲来球的压力，通过这个缓冲过程，加强对球的控制。

### 三、正面双手垫球

移动对正来球后，双手在腹前垫击球，称为正面双手垫球。正面双手垫球是最基本的垫球方法，是各项垫球技术的基础，适合于接各种发球、扣球和拦回球，如图8-4所示。

图8-4 正面双手垫球

**1. 准备姿势**

看清来球的落点后，迅速移动到落点上，对正来球，成半蹲姿势站立。

**2. 手型**

当球接近腹前时，两手掌根紧靠，两手手指重叠后合掌互握，两拇指平行；或者两手腕部紧靠，两手自然放松，手腕下压，两臂外翻形成一个平面，如图8-5所示。

图8-5 垫球手型

**3. 击球**

当球飞到腹前一臂距离时,两臂夹紧前伸,插到腹前,向前上方蹬地抬臂,迎击来球,垫击球的后下部。身体重心随击球的动作前移。

**4. 击球点**

应保持在腹前击球,便于控制用力大小和调整手臂角度,控制垫球方向和落点。

**5. 用力**

排球由于来球力量小、速度慢,击球主要靠手臂上抬力量增加的反弹力,同时配合蹬地、跟腰动作,使重心向前上方移动。整个手臂要适当放松,便于灵活控制垫球的方向和力量。

**6. 垫击部位**

触球时,用前臂腕关节以上10cm左右桡骨内侧平面为宜,如图8-6所示。

图8-6 垫击部位

**7. 手臂角度**

要根据来球的角度和要求垫出的方向,调整手臂与地面的角度和左右转动手臂平面来控制垫球方向。来球弧度较平要求垫出的球弧度平时,手臂角度应大;反之应小。

**8. 教学方法**

(1)徒手做准备姿势和移动练习。要求身体重心不要上下起伏过大,可以结合来球落点,移动后正面对球。

(2)原地做正面双手垫球的徒手练习,体会正确的垫球动作。

(3)自垫。即练习者自己连续向上将球垫起。要求提高控制球的能力,并不断提高垫球次数。

(4)一抛一垫。两人一组,相距3~4m,一人抛球,另一人垫球。要求球抛向垫球人不同的方向,垫球人在移动中完成垫球,然后两人交换练习内容。

(5)二人对垫。两人一组,相距3~4m面对面站立,连续垫球。要求练习者注意力集中,移动快速,两人互相合作、互相鼓励。

## 四、发球

### (一)正面上手发球

正面上手发球由于面对球网站立,便于观察对方,发球的准确性大,易于控制落点,并能充分地利用转体、收腹动作带动手臂加速挥动，以及运用手腕的推压作用，使发出的球呈上旋，不易出界，因此可以加大力量和速度，如图8-7所示。

图8-7　正面上手发球

**1. 准备姿势**

队员面对球网，两脚自然开立，左脚在前，托球于身前。

**2. 抛球**

用抬臂和手掌的平托上送，将球平稳地垂直抛于右肩的前上方，高度适中。

**3. 挥臂击球**

左手抛球的同时，右臂抬起，屈肘后引，肘与肩平，上体稍向右侧转动。抬头、挺胸、展腹，身体重心移向左脚，以加大工作距离，便于发力。击球时，利用蹬地力量，使上体向左转动，同时收腹，带动手臂挥动。

## （二）正面下手发球

正面下手发球动作简单，容易掌握，准确性大，但速度慢、力量小、攻击性不强，适用于初学者，如图8-8所示。

图8-8　正面下手发球

**1. 准备姿势**

面对球网，两脚前后开立，左脚在前，两膝微屈，上体稍前倾，重心偏后脚，左手持球于腹前。

### 2. 抛球

左手将球轻轻抛起在体前右侧，离手高约20cm。在抛球前，右臂伸直，以肩为轴向后摆动。

### 3. 击球

借右脚蹬地力量，身体重心随着右手向前摆动击球而移至前脚上。在胸前以全手掌击球的后下方。手触球时，手指、手腕紧张，手呈勺形，吻合球。击球后，随着击球动作，重心前移，迅速入场。

## 五、扣球

扣球是排球的基本技术之一，在比赛中占有重要地位。扣球是得分的主要手段，也是进攻中最积极有效的武器。

正面扣球是扣球中的一种基本方法。由于面对球网，便于观察，准确性较高；还由于挥臂动作灵活，能根据对方防守情况，随时改变扣球路线和力量，便于控制球的落点，因而进攻效果较好，如图8-9所示。

图8-9 扣球

### 1. 准备姿势

扣球助跑前采用稍蹲姿势，两臂自然下垂，站在离球网三米左右处，观察来球，做好向各个方向助跑起跳的准备。

### 2. 助跑

以两步助跑为例。助跑时，左脚先向前迈出一步，接着右脚再迅速跨出一大步，左脚及时并上，踏在右脚之前，两脚尖稍向右转。

### 3. 起跳

起跳的目的不仅在于获得高度，还为了掌握扣球的时机和选择适当的击球位置。在助跑跨出最后一步的同时，两臂绕体侧向后引，左脚在并上踏地制动的过程中，两臂自后积极向前摆动，随着双腿蹬地向上起跳，两臂也配合起跳有力地向上摆动。在助跑制动之后，向上摆臂的同时，两腿从弯曲制动的最低点，猛力蹬地向上起跳。

### 4. 空中击球

击球是扣球的关键，空中击球动作的好坏影响着扣球的质量。起跳后，挺胸展腹，上体稍向右转，右臂向后上方抬起，身体成反弓形。挥臂时，以迅速转体、收腹动作发力，依次带动肩、肘、腕各部关节成鞭甩动作向前上方挥动。击球时，五指微张呈勺形，并保持紧张，以全手掌包满球，掌心为击球中心，击球的后中部，同时主动用力屈腕、屈指向前推压，使扣出的球加速上旋。

### 5. 落地

落地时，以前脚掌先着地，再过渡到全脚掌着地；同时顺势屈膝、收腹，以缓冲下落力量。

微课

正面双手垫球

正面双手传球

正面下手发球和正面上手发球

考试内容

## 第三节 排球考试内容与评分标准

### 一、发球

#### （一）方法

男生正面上手发球，女生发球姿势不限，每人发球 10 个，以球落到某区的成功率记分，如图 8-10 所示。

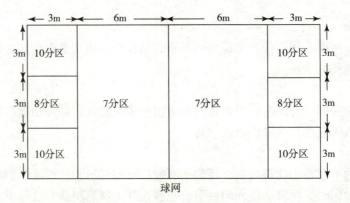

图 8-10 发球落点得分示意

### （二）规则

按排球运动竞赛规则执行。男生必须正面上手发球，其余姿势的发球均按失误论处，记零分。球落在两区分界线上，按高分区计分，球不过网和出界为零分。

### （三）评分标准

10 个球得分之和为达标分，占发球得分的 70%，技术评定分占 30%，两者得分之和为该项目考试得分。

## 二、传球

### （一）方法

受测者站在网前二、三号位之间，陪考者从后场抛球，受测者向四号位传球 10 个，离网 30~60cm，比网高 2m 以上，适合于扣球，如图 8-11 所示。

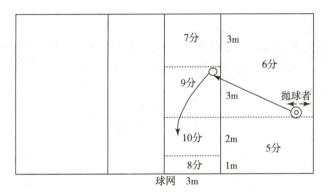

图 8-11 上手双手传球落点得分示意

### （二）规则

按排球运动竞赛规则执行。

### （三）评分标准

按传球的落点计分，球落在分区线上，按高分区计分，球过网或出界为零分。10 球得分之和为达标分，发球得分占 70%，技术评定分占 30%，两者得分之和为该项目考试得分。

## 三、垫球

### （一）方法

受测者站在六号位，接对方中场抛过来的球 10 个，距网 60~80cm，比网高约 30cm，如图 8-12 所示。

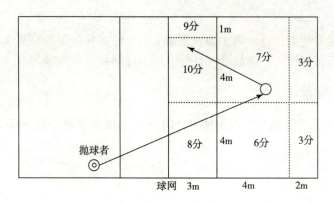

图 8-12 垫球落点得分示意

### （二）规则

按排球运动竞赛规则执行。

### （三）评分标准

按传球的落点计分，球落在分区线上，按高分区计分，球过网或出界为零分。10 球得分之和为达标分，发球得分占 70%，技术评定分占 30%，两者得分之和为该项目考试得分。

## 四、扣球

### （一）方法

男生扣球的网高不得低于 2.3m；女生扣球的网高不得低于 2m。

男、女扣球均可在二号位和四号位任选一个位，由二传手抛球或第二传球进行扣球。每人扣 10 个球。

扣球成功落在对方场区得 10 分，球不过网或出界为零分。10 球得分之和为达标分，发球得分占 70%，技术评定分占 30%，两者得分之和为该项目考试得分。

### （二）规则

扣球时不得触网，否则以扣球失误论处，过中线按排球竞赛规定判定，确定为过中线时，该扣球以失误论处。

## 五、排球技术动作评价标准

排球技术动作评价标准如表 8-1 所示。

## 第八章 排球运动

表 8-1 排球技术动作评价标准

| 基本技术 | 动作技评 | | | |
|---|---|---|---|---|
| | 优 | 良 | 中 | 及格 |
| 正面下手发球<br>正面双手垫球<br>正面双手传球 | 技术动作基本正确，动作协调，击球点固定且正确，有较好的击球效果 | 技术动作基本正确，动作比较协调，击球点比较固定 | 技术动作不稳定，击球点不固定，击球效果一般 | 技术动作不稳定，动作不够协调，击球点时好时坏 |

# 第九章　乒乓球

## 第一节　乒乓球运动概述

### 一、乒乓球运动的起源与发展

关于乒乓球运动的起源，有各种各样的说法，按多数人的看法，乒乓球运动始于英国，并由网球运动派生而来。大约在19世纪后半叶，由于受到网球运动的启示，在英国一些大学生中，流行着一种类似现在乒乓球运动的室内游戏，叫作"戈西马"（Gossamer）。它没有统一的规则，有10分、20分为一局的，也有50分或100分为一局的。发球时，可将球直接发到对方台面，亦可先将球发到本方台面再跳至对方台面，球拍是空心的，用羊皮纸贴成，形状为长柄椭圆形。大约在1890年，有位名叫詹姆斯·吉布（James Gibb）的英格兰人到美国旅行时，偶然发现了一种用赛璐珞制成的空心玩具球，弹力很强。于是，他就将这种球稍加改进，后逐步在英国和世界各地推广起来。也许因为此球在桌上打来打去发出了"乒乒乓乓"声音的缘故，英国一家体育用品公司，首先用"乒乓"（Ping-Pang）一词作了广告上的名称，就这样，乒乓球才开始得此绘声之名。

1926年，国际乒联正式成立，负责每两年一届的世界乒乓球锦标赛和世界杯赛，比赛分为男、女团体，男、女单打，男、女双打和混合双打。1988年汉城奥运会把乒乓球列为正式比赛项目。

### 二、乒乓球运动的特点与价值

乒乓球运动的特点是球小、速度快和变化多，不同身体条件、年龄和性别的人都可参加，场地设备比较简单，运动量可大可小，健身价值较高。虽然乒乓球是英国人发明的，但真正把乒乓球运动推向登峰造极水平的却是中国人。在中国，乒乓球运动是普及程度非常高的体育项目，深受男女老少的喜爱，被誉为"国球"。经过几代优秀乒乓球运动员的不断努力与创新，乒乓球运动逐渐形成了独特的"快、准、狠、变"的风格，这一风格在世界赛场上为中国赢得了无数荣誉，为中国外交工作和推动世界乒乓球运动的发展做出了巨大贡献。

# 第二节　乒乓球的基本技术

## 一、基本站位与准备姿势

### （一）基本站位

站位是指运动员开始击球前的基本位置。不同类型打法的选手，其基本站位的范围大小也不相同。比赛中运动员站位是否合理，对其技战术水平的发挥有直接影响。

乒乓球运动员的站位通常分为近台、中近台、中远台和远台。近台指运动员离球台 40~50cm 的范围，适合于左推右攻打法的快攻运动员；中近台指运动员离球台 50~70cm 的范围，适合于直拍单面拉弧圈球打法的运动员；中远台指运动员离球台 70~100cm 的范围，适合于削球打法的运动员；远台指运动员离球台 100cm 以外的范围，适合于削球运动员和拉弧圈球的运动员，如图 9-1 所示。

图 9-1　基本站位与准备姿势

### （二）准备姿势

准备姿势是指击球员准备击球时或还击球时的身体各部位姿势。运动员在还击每个球之前，均应当使身体保持合理正确的基本姿势。它要求两脚开立，比肩稍宽，两膝微屈并稍内扣，前脚掌内侧用力着地，重心置于两脚之间；上体略前倾；两眼注视来球；前臂、手腕、手指自然放松，持拍手自然弯曲置于体侧，如图 9-1 所示。

## 二、握拍法

握拍法指运动员手握乒乓球拍的方法，有直拍握法和横拍握法两种。选用何种握法因人而异。可根据个人的身体条件、兴趣、爱好、技术特点选择一种适合自己的握拍法。

正确的握拍法对调整击球时的引拍位置、拍形角度、拍面方向、发力方向等有重要作用。它对掌握乒乓球基本技术和提高乒乓球技巧十分关键。

## （一）直拍握法

握拍方法：食指和拇指自然弯曲，食指的第二指关节和拇指的第一关节分别压住球拍的两肩，两指间距离适中（一般以一指宽距离为宜）。中指、无名指、小指自然弯曲倾斜形重叠，以中指第一关节偏左侧部托于球拍背面上 1/3 处。这种握拍法是目前直拍近台快攻打法最常用的握拍法，如图 9-2 所示。

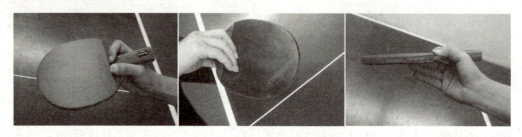

图 9-2　直拍握法

直拍握法的优缺点：

优点：手腕与手指比较灵活，易于调节拍形角度和拍面方向；正反手击球时摆臂速度快；发球和攻台内球时多变、灵活。

缺点：手腕不易固定，使拍形相应难以稳定；反手正面攻球时，不易掌握和发力；拍柄延伸长度短，左右照顾范围小。

## （二）横拍握法

横拍握法因人而异，分深握和浅握两种，如图 9-3 所示。

图 9-3　横拍握法

握拍方法：虎口压住球拍肩部，拇指和食指自然弯曲分别握在拍身前、后两面。中指、无名指、小指弯曲握住拍柄。拇指稍稍向内扣，食指自然伸直。

深握拍时虎口紧贴球拍，击球时拍形较稳定，发力相对集中，扣杀比较有力，削球容易控制。但手腕不够灵活，处理台内和中路偏右的短球较困难。

浅握拍时虎口轻微贴拍，击球时手腕较灵活，利于制造旋转变化。但因手腕较活，拍形不固定。

横拍握法的优缺点：

优点：手指、手掌与球拍的接触面积稍大，故握拍相对稳定，左右照顾球的范围也较大，反手进攻易于发力，也适于拉弧圈球或由相持转入进攻。

缺点：回接左右两边的来球时，需要转动拍面，因此挥拍的摆速稍慢，中路较弱；另外，正手处理台内球和发球的变化不及直拍。

## 三、基本步法

步法是指乒乓球运动员为选择合适的击球位置所采用的脚步移动方法，它是乒乓球击球环节中的一个重要组成部分。乒乓球步法主要包括单步、并步、跨步、跳步、交叉步、侧身步等。步法要求判断快、移动灵活。

## 四、发球与接发球技术

### （一）发球技术（以右手为例）

**1. 反手平击发球**

站位左半台，离台 30cm，右脚稍前，身体略向左转，左手掌心托球，右手持拍于身体左侧。持球手轻轻向上抛球，同时持拍手向后引拍，上臂自然靠近身体右侧，待球下落低于球网时，持拍手以肘关节发力，由左后向右前挥拍击球中部，拍面稍前倾，第一落点在本台中区，如图 9-4 所示。

图 9-4　反手平击发球

**2. 正手平击发球**

站位中近台偏右，左脚稍前，身体稍右转，球向上抛起，持拍手由右后向前挥动。其余同反手平击发球，如图 9-5 所示。

图 9-5　正手平击发球

**3. 反手发急球**

准备姿势同反手平击发球。抛球同时持拍手向左后方引拍，待球下落到网高时，持拍手由左后向右前加速挥拍，拍面稍前倾，以前臂和手腕发力为主，击球中上部，第一落点靠近本方端线，第二落点在对方端线附近。

#### 4. 反手发右侧上（下）旋球

站位及准备姿势同反手平击发球。抛球同时持拍手向左后引拍，用前臂带动手腕向右前上方挥动，拍面逐渐向左稍前倾，拇指压拍，手腕内转，从球的中部向右侧上摩擦，第一落点在本方端线，第二落点在对方左角。若发落点短的球，则前臂向前力量减小而增强手腕摩擦力量，第一落点在本方中区；若发下旋球，击球时拇指加力压拍，使拍面略后仰，从球的中部向侧下摩擦。

#### 5. 正手发左侧上（下）旋球

站位左半台，抛球同时持拍手迅速向右上方引拍，身体随即向右转，手臂自右上方向左下方挥摆，球拍从球的右侧中下部向左侧面摩擦。若发侧下旋球，则手臂自右上方向左前下方挥摆，拍从球的右侧中部向左侧下部摩擦，第一落点在本方端线附近。

### （二）接发球技术

采用哪一种方法接发球，应根据对方发球的旋转性能、落点及双方打法特点等因素而定。首先是站位的选择：站在球台左半台，离球台端线的距离远近视来球的落点而定，便于前后移动接长、短球，一般离台 30～40cm；其次是对来球的判断，判断是接好发球的前提。判断对方发球的旋转性质、旋转程度或缓急、落点变化，主要应依据对方球拍在触球的瞬间的挥动方向和击球的部位与用力方向。

#### 1. 回接对方左侧下旋球

球触拍后从自己的右侧下方弹出。接这种球一般采用推挤、搓、削为宜。搓球回接时拍面稍后仰，并略向左偏斜以抵消来球的左侧旋；若采用攻球方法回接，宜用拉抽（拉攻），拍触球时向上向前摩擦球。

#### 2. 回接对方左侧上旋球

球触拍后向自己右侧上方弹出。接这种球一般采用推、攻为宜。回接时，拍面触球的中上部，适当下压，拍面所朝方向向左偏斜以抵消来球的左侧旋，要调节好拍面方向和用力方向。采用攻、拉球方法回接时，同样道理，应向对方挥拍方向相反的方向回接，以抵消来球的侧旋性能；同时，也应调节拍形适当下压，防止球飞出界外。

#### 3. 接对方右侧下旋球

球触拍后向自己的左侧下方弹出。回接时拍面略向右偏斜。具体可采用搓、拉、点、削等方法。

#### 4. 回接对方右侧上旋球

球触拍后向自己的左侧上方弹出。拍面应根据来球旋转程度适当向右偏斜，用推、拨、攻、拉、削等手段回接。触球时，调节拍面，使拍形前倾击球中上部。如上述两种发球，球为近网短球，上步移动步法宜采用推、拨、点、搓、攻、摆等手段回接。

## 五、推挡

推挡球是初学者应首先学习的一项基本技术。推挡球是我国近台快攻传统打法的独特技术，是教师最重要的教学技能。

动作要点（以右手为例）说明如下。

### （一）挡球

近台中偏左站位，左脚稍前，屈膝提踵含胸收腹，重心在前脚掌上，持拍手置于腹前，上臂靠近身体右侧齐高，球和手腕顺来球路线向前伸出主动迎球，上升期击球中部，拍面与台面几乎垂直，拍触球后立即停止，迅速还原成准备姿势，如图9-6所示。

### （二）推挡球

近台中偏左站位，左脚稍前，击球时提起前臂上臂后收肘部贴近身体，在上升时期或高点期击球中上部。转腰动作加手腕发力，并用中指顶住拍背向前用力。挡球与推挡球的重点、难点是正确的拍面、身体的协调配合和准确的线路落点，如图9-6所示。

图9-6 推挡

## 六、攻球

攻球从大的动作结构来讲，可分为正手和反手两大类。攻球是快速进攻最重要的一项技术，杀伤力强，是快速结束战斗的有效方法。

动作要点（以右手为例）说明如下。

### （一）正手攻球

近台中偏右站位，左脚稍前，身体斜对球台，持拍手自然放松置于腹前，拍半横状。顺来球路线略向右侧齐高，拍面与台面约成80°，前臂与台面基本平行。当球从台上弹起时，持拍手由右侧向左前上方挥动，以前臂快速内转沿球体做弧线挥动，在上升期击球的中上部，击球位置在身体右前方一前臂距离处，如图9-7所示。

图9-7 正手攻球

## （二）反手攻球

站位近台，右脚稍前，持拍手自然弯曲置于腹前偏左，重心偏于左脚。顺来球线路向后引拍，当球弹起时，从台左后向右前上加速挥拍，以前臂发力为主，手腕外转，拍面前倾，重心移至右脚，在右胸前击上升期的球的中上部。

攻球的重点、难点是挥拍发力和正确恰当的击球点。

拍面前倾不够：纠正方法是做平击发球练习，体会击球时手腕的外旋动作。

## 第三节　乒乓球考试内容与评分标准

### 一、反手推挡

#### （一）方法

陪考者将球回击到受测者球台中线附近的反手区，受测者用反手推挡，在20s内将球分别推到对方球台的左半区和右半区。

#### （二）规则

受测者推球的落点必须推到对方球台的左边一个、右边一个，不得连续推到一边，否则该球以错区计分。

#### （三）评分标准

受测者所推的球落在规定对方台区得5分，错区得2分，失误为0分。得分之和为达标分（满分100分），推挡得分占70%，技术评定分占30%，两者得分之和为该项目考试得分。

### 二、搓球

#### （一）方法

陪考者用中等旋转强度搓球，将球依次搓到受测者的左半区和右半区。受测者在30s内依次用正手搓球和反手搓球，依次搓球到对方球台的左半区和右半区。

#### （二）规则

受测者击出的球，其飞行路线为斜线或直线没有硬性规定，只按照球的落点计分。

#### （三）评分标准

球搓到规定的对方球台区得5分，错区得2分，失误为0分。得分之和为达标分（满分

100 分），搓球得分占 70%，技术评定分占 30%，两者得分之和为该项目考试得分。

## 三、正手近台攻球

### （一）方法

陪考者用推挡或攻球将球回击到受测者正手区。受测者用 15s 正手攻球，连续回击到对方球台的右半区，再用 15s 正手攻球，连续回击到对方球台的左半区。

### （二）评分标准

回击球的落点在规定的对方球台区得 4 分，错区得 2 分，失误为 0 分。得分之和为达标分（满分 100 分），正手攻球得分占 70%，技术评定分占 30%，两者得分之和为该项目考试得分。

## 四、左推右攻

### （一）方法

陪考者用推挡连续依次送到受测者球台的中线两侧。受测者在 15s 内，连续左推右攻，将球回击到对方的右半区，再用 15s 连续左推右攻，将球回击到对方球台的左半区。

### （二）评分标准

回击球的落点在规定的对方球台区得 4 分，错区得 2 分，失误为 0 分。得分之和为达标分（满分 100 分），左推右攻得分占 70%，技术评定分占 30%，两者得分之和为该项目考试得分。

# 第十章 羽毛球运动

## 第一节 羽毛球运动概述

### 一、羽毛球运动的起源与发展

现代羽毛球运动诞生在英国，由网球派生而来。1873 年，在英国格拉斯哥郡的伯明顿镇有一位叫鲍弗特的伯爵，在他的领地开游园会，有几个从印度回来的退役军官向大家介绍了一种隔网用拍子来回击打毽球的游戏，人们对此产生了很大的兴趣。因这项活动极富趣味性，便很快在上层社会社交场上风行开来。"伯明顿"（Badminton）即成为英文羽毛球的名字。

1875 年，世界上第一部羽毛球比赛规则诞生于印度的普那。羽毛球在 1992 年巴塞罗那奥运会上被列为正式比赛项目，共设男、女单打和男、女双打及混合打共 5 项比赛。羽毛球比赛也很多，像汤姆斯杯、尤伯杯、苏迪曼杯以及世界羽毛球锦标赛等。

### 二、羽毛球运动的特点

（1）羽毛球运动的全方位性。
（2）羽毛球运动不受场地限制。
（3）羽毛球运动适宜人群广。

### 三、羽毛球运动的健身价值

（1）提高身体健康功能。
（2）提高心理健康功能。
（3）提高社会适应能力。

## 第二节 羽毛球的基本技术

### 一、握拍技术

#### (一) 了解羽毛球拍的手柄

球拍手柄的基本外形：注意图 10-1 中标出的 A 点那条棱为握拍时虎口要对准的位置。有人曾作过这样的比喻："羽毛球的球拍是选手手臂的延伸。"因此，正确的握拍可使其与人的手有机地融为一体，选手可用这只"延长的手"随心所欲地迎击不同方向、不同速度的来球，以达到手与球拍之间完美的结合。羽毛球的握拍分为正手握拍和反手握拍。但对于一名高水平的选手来说，握拍不是一成不变的。在实战中为了更好地控制球的落点，应视具体情况，因时、因地细微地调整握拍姿势，但所有这些调整都是建立在正、反手两种基本握拍技术的基础上的，如图 10-1 所示。

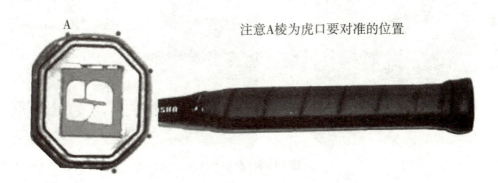

图 10-1 羽毛球拍的手柄结构

#### (二) 正手握拍法

正手握拍技术动作要领如图 10-2 所示。

(1) 先用左手握住球拍的中杠，使拍框与地面垂直。

(2) 张开右手，使虎口对准拍柄斜棱上的第二条棱线，此时眼睛从左至右可同时看见四条棱线，然后用近似握手的方法握住拍柄，拇指和食指贴在拍柄两侧的宽面上，其余的三指自然握住拍柄。

(3) 拍柄与掌心不要握紧，应留有空隙。握拍的位置可视各人的情况而定，一般情况下，以球拍柄端靠近手掌的小鱼际为宜。

(4) 握拍力度适宜，似握着一个鸡蛋，重则破损，轻则滑落。

(5) 握拍不要很紧，要尽量放松握拍手指。发力时需要握紧。

图 10 – 2　正手握拍法

### （三）反手握拍法

一切在身体左侧的反手反拍面击球都采用反手握拍法。反手握拍技术的动作要领如图 10 – 3 所示。

图 10 – 3　反手握拍法

（1）在正手握拍的基础上，将球拍柄稍向外旋，拇指顶贴在拍柄第一斜棱旁的宽面上，也可将大拇指放在第一、二斜棱之间的小窄面上，食指稍向下靠。

（2）击球时，靠食指以后的三指紧握拍柄，同时拇指前顶发力击球。

（3）为了便于发力，掌心与拍柄间要留有充分的空隙。

### （四）其他握拍方法

其他握拍主要手指图解：处理网前球时，主要靠拇指和食指来控制球拍，其他手指为辅助。处理中后场球时，主要靠无名指和小指来握拍，其他手指要虚握，为发力留出空间，如图 10 – 4 所示。

## 二、发球技术

发球是运动员在发球区将球由静止状态，用球拍击出，使之在空中飞行，落到对方的接发球区的技术动作。通过不同的发球手法，发出各种线路和不同落点的球，为己方创造进攻

第十章　羽毛球运动

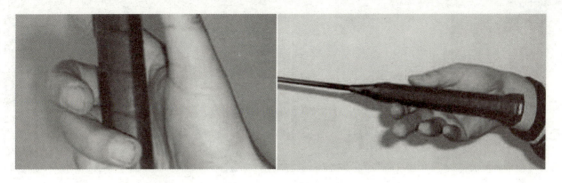

图 10 – 4　其他握拍方法

或得分的机会。发球技术可分为正手球、反手球技术。一般来说发高远球、平高球、网前球均可采用正手发球法。

### （一）正手发高远球

发球时，左手把球举在身体的右前方并自然放下，使球下落，右手同时持拍由大臂带动小臂，从右后方沿着身体向前并向左上方挥动。当球落到右手臂向前下方伸直能触到球的一刹那，握紧球拍，并利用手腕的力量向前上方发力击球。击球之后，球拍顺势向左上方挥动缓冲，如图 10 – 5 所示。

图 10 – 5　正手发高远球

### （二）正手发平高球

姿势、动作和发正手高远球一样，只是发力方向和击球点不同。平高球运行的抛物线不大，会使球迅速地越过对方场区空中而落到底线附近，球在空中的路线和地面形成的仰角是 45°左右，如图 10 – 6 所示。

### （三）正手发网前球

发网前球就是把球发到对方发球区内的前发球线附近，球拍触球时，拍面从右向左斜切击球，使球刚好越网而过，落在对方前发球线附近，如图 10 – 7 所示。

### （四）反手发网前球

反手发网前球是运用反手发球技术把球发至对方发球区内前发球线附近，击球时球拍由

图 10-6　正手发平高球

图 10-7　正手发网前球

后向前推送击球，使球运行的弧线最高点略高于网顶，球拍触球时，拍面呈切削式击球使球落到对方场区的前发球线附近，如图 10-8 所示。

图 10-8　反手发网前球

## （五）反手发平球

反手发平球与发正手球的球路、角度、落点一样。发球时，球拍的挥动方向与反手发网前球一样，只是在击球的一刹那，手腕有弹性地击球，拍面与地面的角度接近垂直，将球击到双打后发球线以内的区域，如图 10-9 所示。

图 10-9　反手发平球

## 三、接发球技术

### （一）接发球的站位

要提高接发球技术，首先要有正确的站位和准备姿势。有的人在羽毛球比赛中发挥不利，往往跟这两者有关系。单打和双打中的站位和姿势也是有区别的。

#### 1. 单打接发球站位和姿势

单打接发球站位应离前发球线约 1.5m 处，在右发球区站位应偏靠中线一些，左发球区应站在中间的位置，目的是防备发球员通过发平快球的方式直接进攻反手部位，这样接发球不会变得被动。

准备姿势：以右手持拍为例，侧身对网，通常都是左脚在前，右脚在后，两脚自然开立。身体重心放在前脚上，后脚脚跟稍微提起，双膝微屈，含胸收腹，左手自然抬起屈肘，球拍举于右侧体前，全神贯注，目不转睛，盯着对方及来球的方向，如图 10-10 所示。

图 10-10　单打接发球站位和姿势

#### 2. 双打接发球站位和姿势

由于发高远球容易被对手扣杀，所以双打比赛中多以发网前短球为主，接发球员接发球时要站在靠近前发球线的地方，这样比较容易对付对方的网前球，或快速上网击球。

准备姿势：与单打接发球准备姿势基本一致，不同之处是对身体重心没有规定，可前可后，放在哪只脚上都可以，但球拍要举得高些，以取得更高的击球点争取主动。在右发球区接发球时，发球员有可能采用发平快球突袭反手部位，对此要注意做好防备，如图 10－11 所示。

图 10－11　双打接发球站位和姿势

## （二）接发各种来球

对方发高远球或平高球时，可用平高球、吊球或杀球还击。一般来说，接发高远球是一次进攻的机会，还击得好，就掌握了主动。一些初学者常因后场技术没掌握好，还击球的质量较差，以致遭到对方的攻击（虚线为对方发来的高远球，"1"为还击高球；"2"为还击吊球；"3"为还击杀球），如图 10－12 所示。

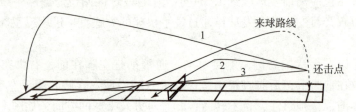

图 10－12　接发高远球或平高球线路

对方发来网前球时，可用平高球、高远球、网前球、平推还击；如对方发球质量不好，也可用扑球还击。关键要洞察对方发网前球的意图，如果是要发球抢攻，而自己的防守能力又不强，那就发网前球或平推球还击，落点要远离对方的站位，控制住球，不让对方进攻。当对方连续发球抢攻时，接发球一定要冷静、沉着，若疏忽麻痹，回球质量稍差，就可能让对方抢攻得手。对方发来平快球时，可用平推球、平高球还击，以快制快。由于接球方还击的击球点比发球方高，所以下压得狠些可以夺取主动。其次亦可以高远球还击，以逸待劳。但不能仓促还击网前球，因为击球质量稍差，就有可能遭受对方的攻击，如图 10－13 所示。

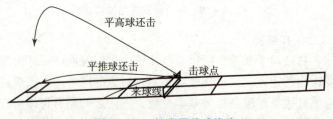

图 10－13　接发网前球线路

## 四、击球技术

击球技术是羽毛球技术中的核心和重点。因为球的飞行形式千变万化,所以击球技术方式也是多种多样的,基本可分为高远球、平高球、平射球、吊球、杀球、网前击球、抽球、快挡击球、半蹲快打击球和接杀球等。

### (一)高远球

高远球击球方式可分为三种,即一般高远球、过顶高远球和平高球。其中前两种击球技术在比赛中应用最多,在平时训练中,要有意识地多花时间练习,如图 10-14 所示。

图 10-14　击高远球技术

高远球,特别是一般的高远球,比其他任何一种击球方式使用得都要多。与攻击性很强的扣球相比,高远球主要以防守为目的,在情况对自己不利时打高远球能有效地改变状况。因为球的弧线高,在空中飞行时间长、距离远,对方就不得不退到最远的底线去接球,这样就不容易马上组织进攻,也就减弱了其进攻威胁。在己方处于被动时,就有了更多的时间来调整站位,摆脱被动局面。所以,高远球技术的好坏,能直接影响战局的发展。

### (二)平高球

高远系列的击球方式一般都以防守为主,但并不是说不具备攻击性,如果打得好,也可以给对手带来很大威胁。其中平高球的攻击性最大。

打平高球时应注意的事项如下:

（1）击出的球要有一定高度，如果高度不够，那么在飞行途中就会被对手中途拦截。

（2）由于平高球呈直线飞出，所以要控制好，以防出界。

（3）要控制好击球力度、球的飞行方向、速度和距离。

（4）击球时通常都是把球击到端线附近或左右场区的空当位置，还可以直接击向对手的身体，那样更有攻击性。但是，要控制好球的高度，以防在中途被对手扣杀。

### （三）平射球

与平高球相比，平射球速度更快、飞行时间更短、飞行弧度更小，可以有效限制对方进行强有力的进攻。由于击出的球速度极快，角度又很小，所以会造成对方在接球时措手不及，在遇到反应迟缓、动作反应慢、腰部柔韧性不好的对手时，发平射球往往可以创造直接得分的机会，特别是正手直线平射球威胁更大。但是，打平射球存在一定的限制性，即只适用于两边线直线球，不宜用于对角线球。

平射球可分为上手正手击平射球、上手反手击平射球和上手头顶击平射球。

动作要领：准备姿势、击球的动作要领均同击高远球，不过动作略小一些，而且在击球瞬间拍面要与地面垂直，并击中球托的中下部，这样做的目的是使球的飞行弧度比平高球更小，速度也更快。

### （四）吊球

吊球动作与扣杀动作有很大区别。吊球技术最大限度地利用了羽毛球本身的特性。球的飞行弧线同夹头发的发夹那样的曲线类似，角度很大。吊球时要尽可能靠近球网击球，使球贴网而过，并在过网后迅速垂直下坠。吊球的方向没有限定，既可以是直线球，也可以是对角线球。击球时，不仅要注意控制好球拍，还要掌握好身体的重心，以免由于失去身体平衡而让对手有机可乘，借此反击，如图10-15所示。

图10-15 吊球技术

## （五）网前击球

前场技术包括网前的放、搓、推、勾、扑、挑球等，其中搓、推、勾、扑球属于进攻技术，这几种技术开始时的准备动作都大同小异，只是在最后的击球刹那发生变化；握拍要灵活，动作要细腻，手腕、手指要灵巧，以控制好球的落点。

前场击球具有很大的威胁性，因球飞行距离较短、落地快，常使对手招架不住，从而直接得分。即使不能直接得分，也能迫使对方被动回球，为自己创造下一拍的机会。网前击球是调动对方、寻找战机的重要手段。选手若对网前进攻和中后场进攻能驾轻就熟、灵活运用，并能将二者紧密结合起来，在前、后场的连续进攻下使对手眼花缭乱、应接不暇，没有还击之力，只能跟着自己的节奏走，这样就把主动权牢牢掌握在了自己手中，如图10－16所示。

图10－16　正手击网前球与反手击网前球技术

## （六）接杀球

接杀球是指击球者将对方扣杀过来的球，还击到对方场区的技术方法统称。接杀球是转守为攻的打法，如果接杀球技术好，可以在比赛中取得主动或能直接得分。

由于杀球速度比较快，往往是充满霸气、气势汹汹，所以接杀球时精神也要保持高度集中，全心全意应对。关键要做到反应启动快、引拍快、动作幅度小。击球时，主要依靠前臂、手腕和手指发力，同时注意借助对方杀球的力量控制好拍面和击球力度。

接杀球时，为了能自如地运用手腕和手指的力量以变换击球的拍面和用力的大小，应尽可能地抢在自己的身体前方击球。在接对方杀来的追身球时，也应尽可能地用反手方式还击，如图10－17、图10－18所示。

图10－17　正面接杀球技术

图 10 – 18　侧面接杀球技术

微课

发球技术

## 第三节　羽毛球考试内容与评分标准

### 一、考试内容

羽毛球专项考试总分 100 分，包括发球（30 分）、击球（30 分）、教学比赛（40 分）三部分。

### 二、考试方法与评分标准

#### （一）发球

**1. 考试内容**

发高远球。

**2. 评分标准**

（1）达标（20 分）：每人发球 5 个，每发到位 1 球，得 4 分。

（2）技评（10 分）：

10 分：动作正确、协调，发球弧度适当、到位。

9 ~ 8 分：动作正确、协调，发球弧度较为适当、基本到位。

7~6 分：动作基本正确、协调，发球弧度较为适当、基本到位。
5 分以下：动作基本正确、协调，发球弧度不好、不到位。

## （二）击球

**1. 考试内容**
（1）击后场直线高远球 3 个。
（2）击后场斜线高远球 2 个。

**2. 评分标准**
（1）达标（20 分）：每人击球 5 个，每击到位 1 球，得 4 分。
（2）技评（10 分）：
10 分：动作正确、协调，击球到位。
9~8 分：动作正确、协调，击球基本到位。
7~6 分：动作基本正确、协调，击球基本到位。
5 分以下：动作基本正确、协调，击球不到位。

## （三）教学比赛

**1. 考试内容**
单打比赛。

**2. 评分标准**
40~36 分：技术应用合理，步法移动到位，击球线路清晰、到位。
34~30 分：技术应用合理，步法移动基本到位，击球线路较为清晰、到位。
28~24 分：技术应用较为合理，步法移动基本到位，击球线路不清晰、基本到位。
24 分以下：技术应用不合理，步法移动基本到位，击球线路混乱、不到位。

# 第十一章　网球运动

## 第一节　网球运动概述

### 一、世界网球运动的起源与发展

近代网球起源于英国。网球运动诞生后，迅速传至世界各地。除英国、法国、美国外，加拿大、德国、比利时、捷克、斯洛伐克、瑞典、澳大利亚、斯里兰卡、南非、印度、日本等国的网球运动都得到了较快发展。各国的网球赛事日趋频繁，网球协会相继成立。

1881 年，英国成立了网球协会，并统一了网球规则。1884 年，在温布尔登网球锦标赛中第一次增加了女子单打项目。

1913 年，世界网球的最高组织——国际网球联合会在法国巴黎正式成立。国际网球联合会的成立，是网球运动发展史上新的里程碑，为世界范围内网球运动的进一步发展开辟了广阔前景。

### 二、我国网球运动的发展

19 世纪后期，英、美、法等国的商人和传教士及士兵将网球运动带入中国。最初，网球运动只是在一些教会和教会学校中开展，后来逐渐在我国上海、广州、北京等部分城市传播开来。

1956 年，中国网球协会正式成立。1980 年，中国网球协会被国际网球联合会接纳为正式会员。1994 年，国家体委成立了网球管理中心。1995 年，创办了网球期刊《网球天地》。

目前，网球运动深受群众喜爱，群众性网球运动的蓬勃兴起，将为中国网球运动的加速发展打下坚实的基础。我们深信，网球运动一定会在中国大地开出绚丽之花、结出丰硕之果。

## 第二节　网球的基本技术

### 一、握拍

网球有三种基本的握拍法：东方式、西方式、大陆式，如图 11-1 所示。

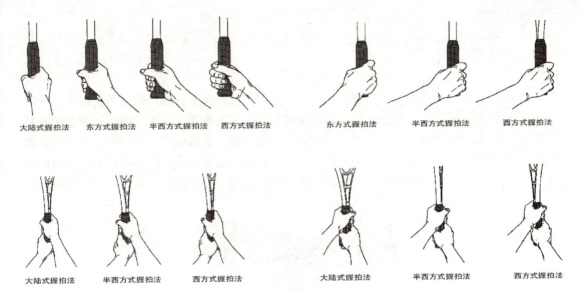

图 11-1　各种握拍法图解

## （一）东方式

东方式握拍法包括正手握拍法和反手握拍法。握拍时，先使球拍与地面垂直，然后握住球柄，使虎口对在拍柄上平面偏右的位置。反手握拍时，虎口则对着左上斜面。

它的优点在于手掌与球拍接触面积大，容易发力，挥拍范围大，较适合拍反弹球。但反手击球时握拍的稳定性相对较差，需要变换握拍方法。

## （二）西方式

西方式握拍法包括正手握拍法和反手握拍法。正手握拍时，虎口对着拍柄的上平面和右上斜面的交接处，手掌中心握住拍柄的右平面，手腕稳固地贴紧拍柄后侧的右平面；反手握拍时，虎口则对着拍柄的上平面和左上斜面的交接处。

它的优点在于击高球时所发挥的威力比较大，对正手击球也比较适合。

## （三）大陆式

大陆式握拍法包括正手握拍法和反手握拍法。正手握拍时，虎口正对着拍柄的左上斜面；反手握拍时，与正手握法相同，但拇指要略放松一些。

它的优点在于无论是反手还是正手都能以不变的握法进行击球，如截击球、发球、高压球、反手击球等。但击反弹球时需要相当的腕力，手腕力量不足而选用这种握法则很难击好球。

上述握拍均应做到：
（1）握拍时手指自然放松，不可并拢太紧，手指之间应该略有空隙。
（2）握拍手离球拍的柄端不能太远。
（3）控制好握拍手的力量，尤其是球拍击球的瞬间更应该握紧球拍。
（4）握拍时两脚开立，略宽于肩，两膝微屈，脚跟稍上抬，上体略前倾，保持可以随时起动的准备姿势。

## 二、准备姿势

正确的准备姿势应该是面对球网，双脚开立比肩略宽，脚掌着地，脚跟稍上抬起，身体重心置于两脚前脚掌之间，两膝微屈，并保持膝关节良好的弹性，上体微前倾，两眼注视对手和来球。球拍置于腹前，拍头指向前方略向左，微上翘，手腕低于拍头。用正手握拍法轻握球拍，不持拍手轻扶着球拍的颈部。不持拍手可以起到稳定球拍、减轻持拍手的腕部负担的作用；另外，还能将球拍引至身体一侧当作辅助，有利于加快动作，如图 11-2 所示。

图 11-2 准备姿势

此外，还必须做到：
（1）注视来球，运动时迅速向来球方向移动。
（2）及早判断来球，转动身体来配合后摆动作，动作要及时。
（3）击球前身体要侧向来球。击球前要上步，最后一步应左脚步在前。
（4）后摆时，肘关节与身体保持合适距离，上臂不要抬得过高，避免后摆动作过大、过高。

## 三、发球

### （一）平击发球

平击发球在发球中是球速最快的发球法，也叫炮弹式发球。该发球球速快、反弹低，但命中率比较低。发平击球时的击球点应在身体的右眼前上方，以拍面中心平直对准球，击球的后中上部。因此手腕的向前挥甩和前臂的"旋内鞭打"非常重要，身体充分向上向前伸展，以获得最高击球点，提高发球命中率，如图 11-3 所示。

### （二）切削发球

这是一种以后侧旋转为主的发球法，就是由球的右上往左下切削击球。该发球球速快、威胁大，而且容易提高命中率。

第十一章 网球运动

图 11-3 平击发球

发球时把球抛到右侧斜上方，球拍快速从右侧中上方向左下方挥动。击球的中部偏右侧，使球产生右侧旋转，如图 11-4 所示。

图 11-4 切削发球

## 四、接发球

要接好发球必须掌握比较全面的基本技术,因为接发球之前,接球员对于对手可能发过来的球的方向、旋转、力量、速度等都无法控制。一旦对手将球发出来,就要迅速作出判断和反应,并且选择恰当的击球方式来完成接发球动作。

(1) 接发球的站位。

一般位于端线附近,力求在接发球时向前移动击球。同时,保持两脚平行站位,比肩略宽,两膝微屈,脚跟稍提起,右手持拍者一般右脚稍前,上体稍前倾,将球拍至于身体前。

(2) 在接发球的全过程中眼睛始终要注视来球,直到完成击球动作。要观察对手的抛球,这样有利于判断发球的方向和旋转。对方第一次发球时多采用大力发球,站位应偏后一些;如果对方是第二次发球,站位可略向前移,这样有利于采取攻击性的还击。

(3) 接大力发球时不要做大幅度的后摆动作,主要是控制好拍面角度,并握紧球拍,以免拍面被震转动。

(4) 击打来球前要观察对方行动,对自己的回球路线和落点要有所考虑。选择好接发球落点,对控制对手发球后抢攻有重要意义。

## 五、正手平击球

东方式或东西方混合式握拍法,以腰的扭转带动拉拍,动作放松,手腕控制好拍面;充分利用转腰和腿部力量,整个手臂的挥动要快,用力要集中,球拍击球的中部;攻击斜线时应以击球的中右部,攻击直线时应以击球的中部为主;挥拍动作不应过于向上,应几乎平行地向前挥动击球,如图 11-5 所示。

图 11-5 正手平击球

## 六、反手击球

当来球飞向反手方向时,移动到位的最后一步要保持右脚在前,身体右侧朝向前来球方向,球拍向左后挥摆。这时持拍手臂的肘部保持适当弯曲,拍头稍翘起,在迎球过程中,挥拍手臂与向右转体动作相配合,使球拍由低向高挥动,拍与球碰撞的击球点在身体左前方,高度在腰间。球拍触球时手腕握紧球拍,拍面垂直或稍后仰,击球中部附近部位。击球后球拍随势挥至身体的右侧前上方,身体重心从左脚逐渐移到右脚,击球后迅速还原成准备姿势,如图 11-6 所示。

图 11-6　反手击球

## 第三节　网球考试内容与评分标准

### 一、发球

#### (一) 方法

按网球运动竞赛规则进行发球,受测者在右发球区和左发球区的端线各发球 5 个,以球的落点计分。

#### (二) 规则

按网球的竞赛规则执行。

#### (三) 评分标准

按球的落点计分为达标分,发球分占 70%,技术评定分占 30%,两者得分之和为该项得分,如图 11-7 所示。

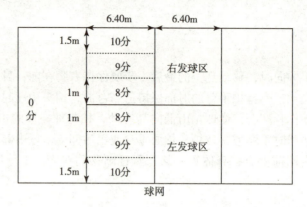

图 11-7 发球落点得分示意

## 二、正拍击落地球

### （一）方法

受测者站在右发球区端线后准备，陪考者将球发到发球有效区，受测者用正拍予以回击。

### （二）规则

按网球运动竞赛规则执行。

### （三）评分标准

按球的落点计分为达标分，正拍击落地球分占70%，技术评定分占30%，两者得分之和为该项考试得分，如图11-8所示。

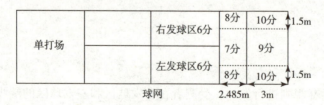

图 11-8 正拍击落地球得分示意

## 三、反拍击落地球

### （一）方法

受测者站在左发球区端线后准备。陪考者将球发到发球有效区，受测者用反拍予以回击。

## （二）规则

按网球运动竞赛规则执行。

## （三）评分标准

按球的落点计分为达标分，反拍击落地球分占70%，技术评定分占30%，两者得分之和为该项目考试得分，如图11-9所示。

图11-9　反拍击落地球得分示意

# 第十二章 毽球运动

## 第一节 毽球运动概述

毽球运动是一项新兴的体育项目，它集羽毛球的场地、排球的规则、足球的脚法、踢毽子的技巧于一身，以其熟练、准确、细腻的技巧性，快速多变、激烈反复的对抗性，吸引了众多的观众和参与者。在当今国家推行全民健身运动和教育实施"应试教育"向"素质教育"转轨的热潮中，毽球运动以它特有的功能，焕发出强大的生命力。

毽球根据活动方式大致分为两类：一类是网毽，比赛场地似羽毛球场，中间挂网（男子网高 160cm，女子网高 150cm），团体赛每方三人，每局 15 分，决胜局为每球得分制。比赛时运动员用脚踢球，不得用手臂触球，在本方场区内最多只能击四次球。另一类是花毽即花样踢毽，分规定动作赛和自选动作赛两项。规定动作有盘踢、磕踢、落、上头、交踢等套路，自选动作即由运动员即兴发挥，花样更繁、难度更高。

## 第二节 毽球的基本技术

### 一、准备姿势

准备姿势是运动员在场上未接球时身体的一种等待状态。保持良好的姿势，是使身体能随时在瞬间由静变动、由被动的状态变主动状态的关键。准备姿势一般有以下两种。

#### （一）左右开位站势

左右开位站势使运动员能从静止状态快速转向左右的移动状态，尤其用在比赛的防守过程的站势中。

#### （二）前后开位站势

前后开位站势使运动员能从静止状态快速转向前后的移动状态，较多应用在比赛过程中的接发球和防守当中。注意后脚跟离地，身体重心要向前移，随时保持静中带动的状态。

第十二章 毽球运动

## 二、基本步法

步法是移动的灵魂，没有纯熟的步法移动技巧，在比赛中就不能变被动为主动。步法移动一般有八种，分别为前上步、后撤步、滑步、交叉步、并步、跨步、转体上步、跑动步。只有熟悉各种步法的移动运用，在比赛中才能具有主动性和灵活性。

## 三、基本脚法

### （一）脚内侧踢毽

膝关节向外张，大腿向外转动，稍有上摆，不要过大，髋和膝关节放松，小腿向上摆，踢毽时踝关节发力，脚放平，用内足弓部位踢毽；在运用上多用于传接毽方面，如图12-1所示。

图12-1 脚内侧踢毽

### （二）脚外侧踢毽

稍侧身，向体侧甩踢小腿，勾脚尖，用脚外侧踢毽。要想获得较佳的托毽点，就必须让支撑脚做适当的弯曲，并让身体重心放在支撑脚上，如图12-2所示。

图12-2 脚外侧踢毽

## （三）脚背踢毽

用脚背踢毽，一般用正脚背，要注意绷脚尖和抖动脚腕发力击毽。主要动作不但要快，还要有一定的准度，一旦抖动，脚腕发力接毽的节奏过快或过慢，都会影响完成踢毽的质量，如图12-3所示。

图12-3　脚背踢毽

## （四）触球

在身体膝关节以上部位的踢毽都叫触球，分为大腿触踢球、腹部触踢球、胸部触踢球、头部触踢球。一般都要稍微向前主动去迎接球，并控制球落在自己的前方，然后衔接下一动作，如图12-4所示。

图12-4　大腿触踢球

## 四、发球技术

发球既是比赛的开始又是一项进攻技术，发球的时候可以采用盯人、找空、压后、吊前等手段发出各种战术球，以达到阻止对方组织进攻或直接得分的目的。

## （一）脚内侧发球

大腿带动小腿，用内足弓部位向前上方送髋推踢。其特点是既稳又准、攻击力强。

## （二）正脚背发球

绷脚尖，用正脚背向前上方发力挑踢。其特点是平、快、准。正脚背发球是比赛最常采用的发球技术，如图12-5所示。

图 12-5　正脚背发球

## （三）脚外侧发球

稍侧身站位，绷脚尖，用脚外侧发力扫踢。其特点是既快又狠、攻击力强。

# 五、封网技术

判断准确，移动迅速，使用身体合理部位，尽可能在靠近网的地方把球触击回对方场区。

# 六、花毽的几种踢法

## （一）盘踢

用足内侧互换踢毽，膝关节向外张，大腿向外转动，稍有上摆，不要过大，髋和膝关节放松，小腿向上摆，踢毽时踝关节发力。踢起的毽子一般不超过下颌。

## （二）磕踢

用两腿膝盖互换将毽子磕起（撞起）的踢法。髋关节、膝关节放松，小腿自然下垂，膝关节发力，将毽子磕起，大腿不要外张或里扣，踢起的毽子也一般不超过下颌。

## （三）拐踢

用两足外侧互换踢毽，大腿放松，小腿发力向体后斜上方摆动，勾足尖，踢毽时大腿不得摆到体前，小腿向体后斜上方摆动不要太高，毽子和足外侧相碰的刹间，踢毽脚的内侧离地面一般不超过30cm，踢起的毽子高度随意。

### （四）绷踢

用两足尖外三趾部分互换踢毽，单足踢毽也可以。蹦踢能踢起即将落地的毽子，其动作是：大腿向前抬起，和身体成较大夹角，小腿向前摆动，髋关节、膝关节要放松，在踢毽子的刹间，足尖外三趾向上猛地用力，将毽勾起。踢起的毽子高低都可，但应避免忽高忽低。

微课

脚内侧踢球

脚外侧踢球

正脚背踢球

## 第三节　毽球考试内容与评分标准

### 一、盘踢

#### （一）方法

受测者连续用一脚连续踢球或两个脚轮流踢球均可。

#### （二）规则

受测者使球落地或手触球时终止测验。

#### （三）评分标准

每踢一次为2分，踢到50次终止测验，达标分占70%，技术评定分占30%，两者得分之和为该项目的得分。

### 二、磕踢

#### （一）方法

受测者连续用一腿连续踢球或两腿轮流踢球均可。

#### （二）规则

受测者使球落地或手触球时终止测验。

### （三）评分标准

每踢一次为 2 分，踢到 50 次终止测验，达标分占 70%，技术评定分占 30%，两者之和为该项目的得分。

## 三、单打发球

### （一）方法

受测者在发球区，发球 10 个，落到对方场区。

### （二）规则

按毽球规则进行。

### （三）评分标准

10 个球累计得分为达标分，达标分占 70%，技术评定分占 30%，两者之和为该项的得分，如图 12–6 所示。

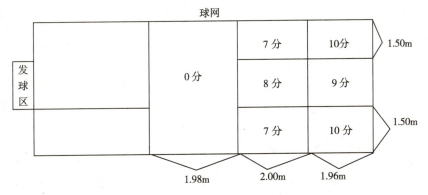

图 12–6　单打发球评分得分

## 四、接发球（团体比赛场地）

### （一）方法

受测者保持如图 12–7 所示站位，接 10 个球落在本方场区。

### （二）规则

按毽球规则进行，但接球的高度应高于网。若低于球网，则按该区的 1/2 计分，球朝下走向为 0 分。

### （三）评分标准

10 个球累计得分为达标分，达标分占 70%，技术评定分占 30%，两者之和为接发球的得分，如图 12-7 所示。

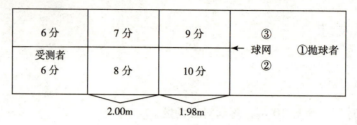

图 12-7 接发球评分得分

# 第十三章 武术运动

## 第一节 武术的基本手型和步法

### 一、基本手型

拳、掌、勾三种手型是习武者首先接触的、最简单同时也是最重要的基本动作。初学者一定要反复认真地练习，发现错误及时纠正，直至完全掌握动作。

（1）拳：四指并拢卷握，拇指紧扣食指和中指的第二指节，拳握紧，拳面平，直腕（图13-1）。

（2）掌：四指并拢伸直，拇指微曲，紧扣于虎口处，手指并拢，掌心展开，竖指（图13-2）。

（3）勾：五指第一指节捏拢在一起，屈腕，五指齐平，腕屈紧（图13-3）。

图13-1 拳

图13-2 掌

图13-3 勾

### 二、基本步法

步法练习，重点是学习掌握最主要的基本步法，增进腿部力量，规范下肢动作和提高双腿的稳固性。

#### （一）弓步

一脚向前一大步（约为本人腿长的4~5倍），脚微内扣，屈膝半蹲（大腿接近水平），膝与脚尖垂直；另一脚挺膝伸直，脚尖内扣，双脚全脚掌着地。

上体正对前方，眼向前平视，两手抱拳于腰间。前脚弓，后腿绷；挺胸、立腰、沉髋（图13-4）。

图13-4 弓步

### （二）马步

两脚平行开立（约为本人脚长的3倍），脚尖正对前方，屈膝半蹲，膝关节不超过脚尖，大腿接近水平，全脚掌着地，身体重心落于两腿之间，两手抱拳于腰间。

挺胸、立腰，脚跟外蹬（图13-5）。

图13-5 马步

### （三）仆步

一腿全蹲，大腿和小腿靠紧，臀部接近小腿，全脚掌着地，膝与脚尖稍外展；另一腿平铺接近地面，全脚掌着地，脚尖内扣。

挺胸、塌腰、沉髋（图13-6）。

### （四）虚步

一脚脚尖外展45°，屈膝半蹲；另一脚向前伸出，膝关节微屈，以前脚掌虚点地面，脚面绷平并稍内扣。

图 13-6 仆步

挺胸、立腰,身体重心落在支撑腿,虚实分明(图 13-7)。

图 13-7 虚步

(五)歇步

双腿交叉屈膝全蹲,前脚全脚掌着地,脚尖外展;后脚脚跟离地,臀部紧贴后小腿上。挺胸、立腰,两腿靠拢并贴紧(图 13-8)。

图 13-8 歇步

## 第二节　武术的基本套路

### 一、五步拳

#### 1. 预备式

两脚并拢，双手握拳抱于腰间，拳面与小腹在同一个平面，双肘后顶，向左摆头，目视左前方（图13-9）。

图13-9　预备式

#### 2. 弓步冲拳

左脚向左横跨一大步成马步，同时左拳变掌向左搂出，掌指朝上，虎口撑开，目视左方。左掌变拳收回腰间，拳心朝上。马步向左拧腰转胯成左弓步，右拳同时内旋击出，拳心向下，力达拳面，目视前方（图13-10）。

图13-10　弓步冲拳

### 3. 弹踢冲拳

右拳外旋收回腰间，拳心向上。左拳拧旋击出，同时右脚向前弹出，脚面绷平，力达脚尖。左拳拳心向下，上身直立，目视前方（图 13-11）。

图 13-11　弹踢冲拳

### 4. 马步架打

右脚前落成马步，左拳变掌向上撩架，右拳向前击出成平拳，眼看右方（图 13-12）。

图 13-12　马步架打

### 5. 歇步盖冲拳

向左转身，左脚后撤于右脚后方，左掌变拳收回腰间，右拳变掌从上向左下横盖，目视前方。上动不停，两腿屈膝下蹲成歇步，右掌变拳，收回腰间，同时冲左拳，目视左拳（图 13-13）。

图 13-13　歇步盖冲拳

#### 6. 提膝穿掌、仆步穿掌

两腿起立，身体右转90°，随即左拳变掌，顺势收至右肩前。右拳变掌，由左手背上穿出，手心向上，同时左腿提膝，目视右手。上动不停，左脚落地成仆步，左手掌指朝前，沿左腿内侧穿至左脚面，目视左掌（图13-14）。

图13-14 提膝穿掌、仆步穿掌

#### 7. 虚步挑掌

右脚向前上步成右虚步，左掌顺式向上向后成下勾手（低不过肩，高不过耳端）。右掌向前向上挑出，掌指向上，右肘微曲，目视前方（图13-15）。

图13-15 虚步挑掌

#### 8. 收势

左脚向右脚并拢，双手变拳收回腰间；向左摆头，目视左前方，还原成预备姿势（图13-16）。

## 二、少年拳

#### 1. 预备势

两脚并拢直立，两手握拳屈肘抱于腰侧，两肩后展，拳心向上，下颌微收，头向左转，目视左前方（图13-17）。

图 13-16 收势

图 13-17 预备势

### 2. 抢臂砸拳

（1）左脚向左跨一步，以前脚掌着地，上体右转，左拳变掌向右前下方伸出，掌心向下（图13-18）。

图 13-18 抢臂砸拳

（2）上动不停，向左后方转体180°，同时左手向上、向左、向下绕环屈臂外旋，使掌心向上置于腹前；右手向右后、向上抢起下砸，以拳背砸击左掌心作响，同时右腿屈膝提起，在砸拳的同时下跺震脚成并步半蹲，上体稍前倾，目视前下方（图13-18）。

### 3. 望月平衡

右脚后撤一步起立，同时右拳变掌，两手左右分开上摆，左手在头左斜上方抖腕亮掌；

右手至右侧平举部位抖腕成立掌，掌心向右；左腿屈膝，小腿向右上提贴于右膝窝，脚面向下。眼随左掌转动，在抖腕亮掌的同时向右转头，目向右平视（图 13 – 19）。

图 13 – 19　望月平衡

### 4. 跃步冲拳

（1）上体左转前倾，左腿向前提起，左手向左下后摆至体后，成勾手；右手以掌背向左下后挂至左膝外侧，掌心向下，目视左下方。

（2）左脚向前落步，右腿屈膝向前上提，左脚随即蹬地向前跃出，两臂向前向上绕环摆动，目视右掌。

（3）右脚落地全蹲，左脚随即落地向前伸直平铺地面成仆步；两臂同时继续由上向右、向下绕环，右掌变拳收抱于右腰侧；左掌屈臂成立掌停于右胸前，目视左侧。

（4）左掌经左脚面向外横搂，同时重心前移，右腿蹬直成左弓步；左掌变拳收抱于腰侧，右拳向前冲出，拳心向下，目视右拳（图 13 – 20）。

图 13 – 20　跃步冲拳

### 5. 弹踢冲拳

重心移至左腿，右腿屈膝提起，在膝盖接近水平时，脚面绷平猛力向前弹踢；右掌变拳收抱于腰侧，左拳向前冲出，拳心向下，目向前平视（图13-21）。

图13-21 弹踢冲拳

### 6. 马步横打

右脚向前落步，脚尖内扣，左拳收抱于腰侧，右拳臂内旋向右后伸出，在向左转体90°成马步的同时，向前平摆横打，目视右拳前方（图13-22）。

图13-22 马步横打

### 7. 并步搂手

右脚向左脚并拢下蹲，右拳变掌直接向右小腿外侧下搂，至右小腿旁变勾手继续后摆停于体侧后方，勾尖向上，目视右方（图13-23）。

图13-23 并步搂手

### 8. 弓步推掌

上体向左转体 90°，左脚上前一步成左弓步；同时右勾手变拳收抱于腰侧，左拳变掌向前推出，掌心向前，目视前方（图 13-24）。

图 13-24 弓步推掌

### 9. 搂手勾踢

（1）右拳变掌经后下直臂向上、向前绕环落于左腕上交叉，同时重心移至左腿。

（2）上动不停，两臂向下后摆分掌搂手，至体侧后反臂成勾手，勾尖向上，同时右脚尖上勾，脚跟擦地面，向左斜前方踢出，身体随之向左转，目视左前方（图 13-25）。

图 13-25 搂手勾踢

### 10. 缠腕冲拳

（1）两勾手变掌前摆于腹前，左手抓握右手腕，右腿屈膝，小腿自然下垂。

（2）上动不停，右手翻掌缠腕，在向右转体的同时臂外旋用力屈肘后拉于右腰侧抱拳，右脚跺地震脚下蹲，左腿屈膝提起。

（3）左脚向左侧跨一大步，右脚蹬地随之滑动，两腿下蹲成马步，同时左手变拳经左腰侧向左冲出，拳眼向上，目视左拳（图 13-26）。

### 11. 转身劈掌

（1）右脚蹬地屈膝上提向右转体 90°，随身体直立，两拳变掌直接上举，在头前上方以右手背击左掌心作响，目视前方。

（2）上动不停，继续向右后转体 180°，右脚向前落步成右弓步，同时左掌变拳收抱于

图 13 – 26　缠腕冲拳

腰侧，右掌下劈成侧立掌，小指一侧向前，目视前方（图 13 – 27）。

图 13 – 27　转身劈掌

### 12. 砸拳侧踹

（1）右脚蹬地屈膝上提，重心移至左腿并向左转体 90°，成提膝直立姿势；同时左拳变掌置于腹前，掌心向上，右掌变拳上举至头前上方，在右脚下踩震脚成并步下蹲的同时，以拳背砸击左掌作响，目视右拳前下方。

（2）右腿直立，左腿屈膝上提，脚尖上勾，以脚跟向左下方踹出与膝盖同高，上体稍向右倾斜；同时左掌变拳收抱于腰侧，右拳上举横架于头前斜上方，拳心向上，目视左方（图 13 – 28）。

### 13. 撩拳收抱

（1）左脚向左落地并向左转体 90°成左弓步；右拳由上、向后、向下，以拳面撩出停于左膝前上方；左拳变掌拍击右拳背作响，目视右拳。

（2）左脚蹬地起立向右转体 90°，左脚收回与右脚并拢；两臂上举，两手变掌于头前上

图 13-28 砸拳侧踹

方交叉,掌心向前,目视前方。

(3) 上动不停,两掌变拳左右分开后,屈肘收抱于腰侧,头向左转,目视左前方(图 13-29)。

图 13-29 撩拳收抱

### 14. 还原势

直立。两拳变掌,直臂下垂,头向右转,目视前方(图 13-30)。

图 13-30 还原势

## 三、初级长拳第三路

### (一) 预备姿势

两脚并步站立,两臂垂于身体两侧,两手五指并拢贴靠腿侧成立正姿势,目向前平视。

头要正,下巴微收,挺胸、立腰、收腹(图13-31)。

图13-31 预备姿势

### (二) 虚步亮掌

(1) 右脚向后方撤步成左弓步。右掌外旋向右、向上、向前画弧;左臂屈肘,左掌提至腰间,掌心向上,目视右掌。

(2) 右腿微屈,重心后移。左掌经胸前由右臂上向前穿出伸直;右臂屈肘,右掌收至腰间,掌心向上,目视左掌。

(3) 重心继续后移,左脚稍向右移,脚尖点地成左虚步。左臂内旋向左、向后画弧勾手,勾尖向上;右手继续向后、向左、向上、向前画弧,屈肘抖腕亮掌放于头前上方,掌心向上,掌指向左,目视左方。

三个动作必须连续完成,不能间断,成虚步时重心落在右腿上,大腿平行于地面,左腿微屈,脚尖虚点地面(图13-32)。

### (三) 并步对拳

(1) 右腿蹬直,左腿提膝,脚尖里扣,上体姿势不变。

(2) 左脚向前落步,重心前移。左臂屈肘,左勾手变掌经左肋前;右臂外旋向前下落

图 13-32 虚步亮掌

于左掌右侧，两掌同高，掌心向上。

（3）右脚向前一步，两臂下垂后摆。

（4）左脚向右脚并步，两臂向外、向上经胸前屈肘下按。两掌变拳，拳心向下，停于小腹前成对拳，目视左方。

并步后挺胸、立腰。对拳、并步、转头要同时完成（图 13-33）。

图 13-33 并步对拳

第十三章 武术运动

图 13-33 并步对拳（续）

## （四）弓步冲拳

（1）左脚向左上一步，脚尖向斜前方，右腿微屈成半马步。左臂向上、向左格打，拳眼向上，拳与肩平；右拳收至腰间，拳心向上，目视左拳。

（2）右腿蹬直成左弓步。左拳收至腰间，拳心向上；右拳由腰间向前冲出，高与肩平，拳眼向上，目视右拳。

成弓步时右腿充分蹬直发力，脚跟不能离地；冲拳时尽量转腰顺肩。

意在以左小臂格挡对方之来拳，随即出右拳击打对方的胸腹部（图 13-34）。

图 13-34 弓步冲拳

## （五）弹腿冲拳

重心前移至左腿，右腿屈膝提起，脚面绷直，猛力向前弹出伸直，高与腰平；右拳收至腰间，左拳由腰间向前冲出，目视前方。

弹出的腿要有爆发力，力达脚尖，支撑腿可微屈。

上虚下实，意在以右腿弹击对方的腹部或裆部（图 13-35）。

图 13-35　弹腿冲拳

## （六）马步冲拳

右脚向前落步，脚尖内扣，上体左转 90°；左拳收至腰间，两腿下蹲成马步，右拳向前冲出，目视前方。

成马步时大腿要平，两脚平行，脚跟外蹬，挺胸，立腰。

意在以右拳击打对方的腹部或肋部（图 13-36）。

图 13-36　马步冲拳

## （七）弓步冲拳

（1）上体右转 90°，右脚尖外展，脚尖向斜前方成半马步；右臂屈肘向右格打，拳眼向内，目视右拳。

（2）左腿蹬直成右弓步，右拳收至腰间，左拳向前冲出，目视前方。

与本节的弓步冲拳相同，唯左右相反（图13-37）。

图13-37 弓步冲拳

### （八）弹腿冲拳

重心前移至右脚，左腿屈膝提起，脚面绷直，猛力向前弹出伸直，高与腰平，左拳收至腰间，右拳由腰间向前冲出，目视前方。

与本节弹腿冲拳相同，唯左右相反（图13-38）。

图13-38 弹腿冲拳

### （九）大跃步前穿

（1）左腿屈膝，右拳变掌内旋，以手背向下挂至左膝外侧，上体前倾，目视右手。

（2）左脚向前落步，两腿微屈；右掌继续向后挂，左拳变掌向后，向下伸直，目视右掌。

（3）右腿屈膝向前提起，左腿立即猛力蹬地向前跃出，两掌向前向上画弧摆起，目视右掌。

（4）右脚落地全蹲，左腿随即落地向前铲出成左仆步；落地后马上右掌变拳抱于腰间，左掌由上向右、向下画弧成立掌停于右胸前，目视左脚。

跃步要远，落地要轻，落地后立即做下一个动作。

意在伏身躲闪对方之攻击，并出左脚向前铲击对方的前脚（图13-39）。

图 13-39 大跃步前穿

### （十）弓步击掌

右腿猛力蹬直成左弓步。左掌经左脚面向后画弧至身后成勾手，左臂伸直，勾尖向上；右拳由腰间变掌向前推击成立掌，掌指向上，掌心向前，目视前方。

左腿猛力蹬直成弓步，勾手，推掌动作要协调一致。

意在以左手搂开对方之来腿，随即出右掌击打对方的胸、腹部（图13-40）。

### （十一）马步架掌

（1）重心移至两腿中间，左脚脚尖内扣成马步，上体右转90°，右掌收至左胸前，同时左勾手变掌由后经腰间从右臂内向前上穿出，两掌心向上，目视左手。

（2）右掌立于左胸前，左臂向左上屈肘抖腕亮掌于头部左上方，掌心向上，目向右转视。

第十三章 武术运动

图 13-40 弓步击掌

成马步右立掌、左抖腕亮掌、右转视要协调一致，同时完成。

意在以左手掌向前上方穿击对方的喉部、面部或上架以解脱对方抓握之手（图 13-41）。

图 13-41 马步架掌

### （十二）虚步栽拳

（1）右脚蹬地，屈膝提起，左腿伸直，以左脚掌为轴向右后转体 180°；右掌由左胸前向下经右腿外侧向后画弧成勾手，左臂随身体转动左掌外旋，使掌心朝内做格挡，目视右手。

（2）右脚向右落地，重心移至右腿，下蹲成左虚步。左掌变拳下落于左膝上，拳眼向里，拳心向后；右勾手变拳，屈肘向上架于头右上方，拳心向前，目视左方。

成虚步时要挺胸、立腰、右脚实，左脚虚，虚实要分明。

意在以提膝、右勾手往下格挡住对方之来腿（图 13-42）。

### （十三）提膝穿掌

（1）右腿稍伸直，右拳变掌收至腰间，掌心向上；左拳变掌由下向左、向上画弧盖压于头上方，掌心向前。

（2）右腿蹬直，左腿屈膝提起，脚尖内扣。右掌从腰间经左掌背向前上方穿出，掌心

图 13-42 虚步栽拳

向上。左掌收至右胸前成立掌，目视右掌。

支撑腿与右臂充分伸直。

意在以左拳变掌向前、向下盖压住对方之来拳，随即以右掌穿击对方的喉部或面部（图 13-43）。

图 13-43 提膝穿掌

## （十四）仆步穿掌

右腿全蹲，左腿向左后方铲出成左仆步；右臂不动，左掌指向下翻转由左胸前向下经左腿内侧，向左脚面穿出，目随左掌转视。

前手低、后手高，两臂伸直，上体向左侧前倾。

意在躲开对方的攻击，或者伺机待动之势（图13-44）。

图13-44 仆步穿掌

## （十五）虚步挑掌

（1）重心前移至左腿成左弓步。右掌微下降；左掌随重心前移向前挑起。

（2）右脚向左前方上步，左腿半蹲成右虚步。身体随上体左转180°。左掌由前向上、向后画弧成立掌；右掌向下从右腿外侧向上挑起成立掌，指尖与眼平，目视右掌。

上动要快，虚步要稳。

意在以右掌挑开对方之来拳（图13-45）。

图13-45 虚步挑掌

## （十六）马步击掌

（1）右脚落实，脚尖外展，重心微升高并后移；左掌变拳收至腰间，右掌俯掌向外掳手。

（2）左脚向前上一步，以右脚为轴向右转体180°，下蹲成马步；左掌从右臂上成立掌向左侧击出，右掌变拳收至腰间，目视左掌。

收拳和击掌动作要同时进行。

意在以右掌外旋掳开或抓握对方的手腕并用力回拉，随即左脚上步，出左掌击打对方的胸、肋部（图13-46）。

图13-46 马步击掌

### （十七）叉步双摆掌

（1）重心微后移，两掌同时向下、向右摆，掌指均向上，目视右掌。

（2）右脚向左腿后插步，前脚掌着地；两臂继续由右向上、向左摆停于身体左侧，两手均成立掌，右掌停于左肘窝处；目随双掌转视。

两臂要画成立圆，幅度要大，摆掌与后插步要配合一致。

意在以右脚向左腿后插步来锁住对方的前腿；同时用双掌摆击对方的胸部（图13-47）。

图13-47 叉步双摆掌

### （十八）弓步击掌

（1）两腿不动，左掌收至腰间，右掌向上、向右画弧，掌心向下。

（2）左腿后撤一步成右弓步；右掌向下、向后伸直成勾手，勾尖向上；左掌经腰间成立掌向前推击，目视左掌。

撤步成弓步与勾手、推掌必须同时完成。

意在以右掌掳开对方之来拳，随即出左掌猛击对方的胸、腹部（图13－48）。

图13－48　弓步击掌

### （十九）转身踢腿马步盘肘

（1）两脚以前脚掌为轴向左后转体180°；同时左臂向上、向前画半立圆，右臂向下、向后画半立圆。

（2）上动不停，两脚不动，右臂由后向上、向前画半立圆；左臂由前向下、向后画半立圆。

（3）上动不停，右臂向下成反臂勾手，勾尖向上；左臂向上成亮掌，掌心向前上方；右腿伸直，脚尖勾起，向额前踢。

（4）右脚向前落地，脚尖内扣；右手不动，左臂屈肘下落至胸前，左掌心向下，目视左掌。

（5）上体左转90°，两腿下蹲成马步。左掌向前、向后平掳变拳收至腰间；右勾手变拳，右臂伸直，由体后向右、向前平摆至体前屈肘，肘尖向前，高与肩平，拳心向下，目视肘尖。

两臂抡动时要画立圆，动作连贯。盘肘时要快速有力，右肩前倾。

意在以左、右手交替抡臂格开对方之来拳，并以左手抓拉对方右臂，随即用右盘肘猛力击打对方的胸、肋部（图13－49）。

### （二十）歇步抡砸拳

（1）重心稍提，右脚尖稍外展。右臂经胸前向上、向后抡直；左臂由腰间向下、向左抡直，目视右拳。

（2）上动不停，两脚以脚掌为轴，向右转体180°，右臂向下、向后抡摆，左臂向上、向前随身体转动。

（3）上动不停，两腿全蹲成左歇步。左手握拳随身体下蹲向下平砸，拳心向上，左臂微屈；右臂伸直向上举起，目视左拳。

抡臂动作要连贯完成，画成立圆；歇步要两腿交叉全蹲，左腿的大、小腿靠近，臀部贴

图 13-49 转身踢腿马步盘肘

于左小腿外侧，膝关节在右小腿外侧，脚跟提起，右脚尖外展，拳脚掌着地。

意在以左拳下砸对方之来腿（图 13-50）。

图 13-50 歇步抡砸拳

## （二十一）仆步亮掌

（1）左脚由右腿后抽出上前一步，左腿蹬直成右弓步；上体微向右转，左拳收至腰间，右拳变掌向下经胸前向右横击掌，掌心向外，目视右掌。

（2）右脚蹬地屈膝提起，上体右转 180°；左拳变掌从右掌上向前穿出，掌心向上，右掌平收至左腋下。

（3）右脚向右落步，屈膝全蹲，左腿伸直成左仆步。左掌向下、向后画弧成勾手，勾尖向上；右掌向右、向上画弧微屈抖腕亮掌，掌心向前。头随右手转动，至亮掌时目视左方。

仆步时，左腿充分伸直，脚尖内扣，全脚掌着地；右腿全蹲，全脚掌着地。上体挺胸、立腰，微左转。

意在以右掌格开或下压对方之来拳，随即出左掌穿击对方的喉部或面部（图 13-51）。

图 13-51 仆步亮掌

## （二十二）弓步劈拳

（1）右腿蹬地起立，左腿收回并向左前方上步；右掌变拳收至腰间，左勾手变掌由下向前、向左做捋手。

（2）右腿经左腿前方向左绕上一步，左腿蹬直成右弓步，右臂伸直向后、向上、向前抡劈拳，高与耳平，拳心向上，左掌外旋，贴扶右小臂，目视右拳。

左右脚上步必须稍带弧形。

意在以左手向外捋开对方之来拳，随即出右拳猛力劈击对方头部（图 13-52）。

图 13-52 弓步劈拳

## （二十三）换跳步弓步冲拳

（1）重心后移，右脚微向后移动；右拳变掌臂内旋，以掌背向下画弧挂至右膝内侧，左掌背贴靠右肘内侧，掌指向上，目视右掌。

（2）右腿自然上抬，上体微向左扭转；右掌挂至体左侧，左掌向右腋下插，目随右掌转视。

（3）左脚抬起的同时，右脚用力下震踩，右手由左向上、向前捋盖而后变拳收至腰间，左掌伸直向下、向上、向前屈肘下按，掌心向下；上体微右转，目视左掌。

（4）左脚向前落步，右腿蹬直成左弓步；右拳向前冲出，左掌背贴靠右腋下，目视右拳。

换跳步动作要连贯、协调。震脚时脚稍弯曲，全脚掌着地，左脚离地不要高。

意在以右拳向下挂开对方来腿，随即换跳步出右拳猛击对方胸、肋部（图 13-53）。

图 13－53　换跳步弓步冲拳

## （二十四）马步冲拳

上体右转 90°，重心移至两腿中间成马步；右拳收至腰间，左掌变拳向左冲击；目视左拳。意在以左拳击对方的肋部或腹部。（图 13－54）

图 13－54　马步冲拳

## （二十五）弓步下冲拳

右脚蹬直成左弓步；左拳变掌向下经体前向上架于头左上方，掌心向上；右掌自腰间向左前斜下方冲出，目视右拳。

意在以左拳上架以格开对方之来拳，随即出右拳猛力击打对方的下腹部（图13-55）。

图13-55　弓步下冲拳

### （二十六）叉步亮掌侧踹腿

（1）上体微右转。右拳变掌，左掌由头上下落于右手腕下；两手交叉成十字，目视双手。

（2）右脚蹬地向左腿后插步，以前脚掌着地。左掌由体前向下、向后画弧成勾手，勾尖向上；右掌由前向右、向上画弧抖腕亮掌，掌心向上，目视左侧。

（3）重心移至右腿，左腿屈膝提起，向左上方猛力蹬出。目视左侧，上肢姿势不变。

插步时上体微向右倾斜，腿、臂的动作要一致。侧踹高度不能低于腰，大腿内旋，着力点在脚跟。

意在以左手勾挂对方之来拳，随即出左腿猛力侧踹对方的胸、腹部或肋部（图13-56）。

图13-56　叉步亮掌侧踹腿

### （二十七）虚步挑拳

（1）左脚在左侧落地。右掌变拳微后移，左勾手变拳由体后向左微屈臂上挑，拳背向上。

（2）上体左转180°，微含胸前俯。左拳向前、向上画弧上挑，右拳向下、向前画弧挂至右膝外侧，目视右拳。

（3）右脚向左前方上步，脚尖点地，重心落于左脚，左腿下蹲成右虚步，左拳向后画弧收至腰间，右拳向前微屈臂挑出，拳心向内，拳与肩同高，目视右拳。

虚步与上肢的动作要一致。

意在以左拳向上挑开对方之来拳（图13-57）。

**图13-57　虚步挑拳**

### （二十八）弓步顶肘

（1）重心升高，右臂内旋向下直臂画弧挂至右膝内侧。

（2）左腿蹬直，右腿屈膝上抬；左拳变掌，两臂向前、向上画弧摆起，目随右拳转视。

（3）左脚蹬地起跳，身体腾空，两臂继续画弧至头上方。

（4）右脚先落地，右腿屈膝，左脚向前落步，以前脚掌着地；同时两臂向右、向下屈肘停于右胸前，左拳变掌，右掌变拳，左掌心贴靠于右拳面。

（5）左脚向左上一步，右腿蹬直成左弓步；右拳推左掌，以左肘尖向左顶出，高与肩平，目视前方。

交换步时不要过高，但动作要快。两臂抡摆时要成圆弧。

意在以左肘尖猛力击打对方的胸、肋部（图13-58）。

### （二十九）转身左拍脚

（1）以两脚前脚掌为轴向右后转体180°；右臂向上、向右、向下画弧抡摆，同时左拳变掌向下、向后、向前画立圆。

（2）左腿伸直向前上踢起，脚面绷平；左掌变拳收至腰间，右掌由体后向上、向前拍击左脚面。右掌拍脚时，手掌微横过来，拍脚要准而响。

意在以左腿摆踢击打对方的下颌部（图13-59）。

第十三章　武术运动

图 13-58　弓步顶肘

图 13-59　转身左拍脚

## （三十）右拍脚

（1）左脚向前落地，右掌变拳收至腰间，左拳变掌向下、向后摆。
（2）右腿伸直向前上踢起，脚面绷平；左掌由后向上、向前拍击右脚面。
与本段左拍脚相同（图 13-60）。

图 13-60　右拍脚

## （三十一）腾空飞脚

（1）右脚落地，上体微后倾。
（2）左脚向前抬起，右拳变掌向前、向上摆，左掌拍击右掌背。
（3）右脚猛力蹬地跳起，左腿继续上摆，右腿在空中弹踢，脚面绷平；右手拍击右脚面，左掌由体前向上举起。

蹬地要向上，要高，不要太向前冲。击响要在腾空时完成，同时左腿屈膝于体前尽量上提。

意在以腾空飞脚来弹踢对方的胸、腹部或下颌部（图13-61）。

图13-61 腾空飞脚

## （三十二）歇步下冲拳

（1）左、右脚先后落地，左掌变拳收至腰间。
（2）右脚尖外展，身体右转90°，两腿全蹲成歇步；右掌抓握，外旋变拳收至腰间，左拳由腰间向前下方冲出，拳心向下，目视左拳。

右掌抓握动作要快速，歇步与左冲拳的动作要一致。

意在以右手抓握对方之来腿，随即出左拳猛力击打对方之腹部或小腿胫骨（图13-62）。

图13-62 歇步下冲拳

## （三十三）仆步抡劈拳

（1）重心升高，右臂由腰间向体后伸直，左臂随身体重心升高向上摆起。

(2) 以右脚掌为轴,左腿屈膝提起,上体左转 270°;左拳由前向上、向左、向下、向后画立圆一周,右拳由后向下、向前、向上绕立圆一周。

(3) 左腿向后落一大步成右仆步;右拳由上向下抡劈,拳眼向上,左拳后上举;目视右拳。

抡臂肘一定要画立圆,上体向右侧倾斜。

意在以仆步右劈拳格挡对方之来腿(图 13-63)。

图 13-63 仆步抡劈拳

### (三十四)提膝挑掌

(1) 重心右移成右弓步。右拳变掌由下向上抡摆,掌心向左,左拳变掌微下落,掌心向右;目视前方。

(2) 左、右臂在垂直面上由前向后各画一立圆。右臂伸直停于头上方,掌心向左,左臂伸直停于身后成反勾手;右腿蹬地屈膝提起,左腿挺膝伸直独立;目视前方。

抡臂肘一定要画立圆。

意在以左右手抡臂格挡住对方之来拳(图 13-64)。

图 13-64 提膝挑掌

### (三十五)提膝劈掌弓步冲拳

(1) 下肢不动。右掌由上向下猛劈伸直,停于右小腿内侧;左勾手变掌,屈臂向前停于右上臂内侧,掌心向右,目视右掌。

(2) 右脚向右后落地,上体右转 90°。左掌变拳收至腰间;右臂内旋向外画弧做捋手,目视右手。

(3) 上动不停，左腿蹬直成右弓步；右手抓握变拳收至腰间；左拳由腰间向左前方冲出，拳眼向上，目视左拳。

右掳手动作要快，右弓步与左冲拳的动作要一致。

意在以右劈掌格挡住对方之来腿，再用右手掳开对方之来拳，随即出左拳猛力击打对方的胸、肋部（图13-65）。

图13-65 提膝劈掌弓步冲拳

### （三十六）虚步亮掌

（1）右脚扣于左膝后，两拳变掌，两臂屈肘交叉于体左前，右臂在上，掌心向下；目视右掌。

（2）右脚向后落步，重心后移，右腿半蹲，上体微右转；右掌向上、向右、向下画弧停于左腋下，左掌伸直向下、向左、向上停于胸前右臂上，两掌心左下右上，目视左掌。

（3）左脚尖右移，右腿下蹲成左虚步；左臂伸直向左、向后画弧成反勾手，右臂伸直向下、向右、向上画弧抖腕亮掌，掌心向前，目视左方（图13-66）。

图13-66 虚步亮掌

### （三十七）并步对拳

（1）左腿后撤一步，两掌同时从腰间向前穿出伸直，掌心向上，目视前方。

（2）右腿后撤一步，两臂同时向体后摆。

（3）左脚后退向右脚并拢，两臂由后向上经体前屈臂下按，两掌变拳，停于腹前，拳心向下，目视左方（图13-67）。

### （三十八）还原

两臂自然下垂成预备势，目视正前方。松肩，精神饱满（图13-68）。

第十三章　武术运动

图 13－67　并步对拳

图 13－68　还原

微课

长拳正面演示　　　　　长拳背面演示　　　　　初级棍术正面演示　　　　初级棍术背面演示

武术的基本手型和步法　　五步拳动作详解　　　　少年拳动作详解

## 第三节 武术考试内容与评分标准

### 一、考试内容

五步拳、少年拳、长三路。

### 二、武术套路考试评分标准

90分以上——动作规格准确,套路十分熟练;演练中劲力充足,用力顺达,力点准确,动作配合协调;精神饱满,节奏分明,体现套路风格和特点。

80~89分——动作规格准确,套路熟练;演练中劲力充足,用力顺达,力点准确,动作配合协调;精神饱满,节奏分明,较好体现套路风格和特点。

70~79分——动作规格较准确,套路熟练;演练中用力顺达,动作配合协调;精神较饱满,节奏分明,基本体现套路风格和特点。

60~69分——动作规格基本完成,但套路不大熟练;演练中精神较饱满,节奏分明,基本上体现套路风格和特点。

45~59分——动作规格错误较多,套路不熟练;演练中精神不集中,能在提示下完成套路。

45分以下——无法完成套路。

# 第十四章　太极拳

## 第一节　太极拳概述

### 一、太极拳概述

太极拳是明末清初河南温县陈家沟陈王廷结合中国古代的养生术、导引术、戚继光的32势长拳以及古代的"阴阳"学说和"太极"等理论编成的一种拳术，迄今已有300多年的历史。流传较广的有陈、杨、吴、孙、武等各式。其中以陈式最为古老，其他各式均是以陈式为基础创编的。基本方法：掤、捋、挤、按、采、挒、肘、靠、进、退、顾、盼、定；技击方法：以静制动、以柔克刚、避实就虚、借力发力等；对身体的要求：沉肩坠肘、气沉丹田、心静体松、舒指坐腕、含胸拔背、尾闾中正、虚灵顶劲、虚实分明、圆裆松胯等，还要做到连绵不断，一式接一式，上下相随，意识、动作和呼吸紧密配合。

### 二、太极拳运动特点

#### （一）体松心静

"体松"是指在练拳时，身体肌肉处于一种放松状态，身体自然舒展，不得用僵劲拙力。"心静"是指练拳时要排除一切杂念，注意力集中。

#### （二）缓慢柔和

动作要连绵不断、圆活连贯，而柔的前提是要放松，但须做到松而不软、慢而不滞。

#### （三）动作、呼吸和意念相配合

初学时要保持自然呼吸，练习到一定程度时，动作、呼吸和意念要相配合，即起吸、落呼，合吸、开呼，退吸、进呼。动作与意念的配合，就是练拳时要排除一切杂念，把注意力集中在动作上，以意识引导动作，做到"意领身随"。

#### （四）虚实分明

承受体重多的腿为实，另一腿为虚，要避免重心落于两腿之间成双重（起收势除外），须做到进退轻灵，保持全身动作的稳定与灵活。

## 三、太极拳健身原理

### （一）动作姿势有利于气血运行

太极拳的动作姿势有利于经络与气血舒畅地运行，不易造成运动性的局部受挤压而产生组织器官缺氧，是健身运动中最为理想的有氧代谢健身项目之一。

### （二）技术特点有利于新陈代谢

太极拳练习时对氧的利用率提高，会增强机体氧代谢和能量的储存，促进心血管系统机能，对有机体产生保健功效。

### （三）意念配合有利于中枢神经保健

太极拳运动过程中特别强调意念与动作的协调配合，长期进行太极拳练习可有效促进中枢神经系统的灵活、协调，有效支配动作，使练习者心情舒畅、忘我怡神。中枢神经系统的机能改变同时诱导自主神经机能提高，从而使心肺功能更好地适应机体需要。

## 第二节　二十四式简化太极拳动作图解

二十四式简化太极拳是以传统杨式太极拳为基础，将重复与比较复杂的动作删去改编而成的。遵循由简入繁、循序渐进、易学易记的原则，保留了传统太极拳的运动特点，是一套普及型的入门套路。

预备式

（1）身体自然站立，两脚并拢，两手垂于大腿外侧；头项正直，口闭齿扣，胸腹放松，目视前方，如图 14 - 1 所示。

图 14 - 1　站立姿势

（2）左脚向左分开，两脚平行同肩宽，如图 14 - 2 所示。

第十四章 太极拳

图 14-2 左脚开立

学练要点：起脚时先提脚跟，高不过足踝，落脚时前脚掌先着地，要做到点起点落、轻起轻落。重心落在两脚中间；预备式要做到心静体松。

## 一、起式

### 1. 两臂前举

两臂慢慢向前举，自然伸直，两手心向下，腕高与肩平，如图 14-3 所示。

图 14-3 两臂前举

### 2. 屈腿按掌

两腿慢慢屈膝半蹲，同时收两掌轻轻下按至腹前，目视前方，如图 14-4 所示。

图 14-4 屈腿按掌

学练要点：上举两臂时，不可耸肩，不要出现指尖朝下的"折腕"，自然松腕松手。屈膝时松腰敛臀，膝盖垂线不可超出脚尖而出现跪膝。上体保持正直，两掌下按时小臂画弧里收至胸前再下按，做到沉肩垂肘。

## 二、左、右野马分鬃

### （一）左野马分鬃

**1. 抱球收脚**

上体稍右转，继而稍向左转，两臂随身体转动，右手领右臂由下向右、向上画弧屈抱于胸前，手心向下；左手领左臂由下向上经左胸前向左再向下画一立圆屈抱于腹前，手心向上，两手手心上下相对。左脚收至右脚内侧成丁步，目视前方，如图14-5所示。

图14-5 抱球收脚

**2. 弓步分手**

上体左转，左脚向左前方迈出一步，成左弓步；两掌随转体慢慢分别向左上、右下分开，左手手指高与眼平，手心斜向上，右手按至右胯旁，肘微屈，手心向下，指尖向前，目视左手，如图14-6所示。

图14-6 弓步分手

### （二）右野马分鬃

**1. 抱球收脚**

重心稍向后移，左脚尖翘起外撇；上体稍左转，左手翻转在左胸前屈抱，右手翻转前摆，在腹前屈抱，成左抱球；重心移至左腿，右脚收至左脚内侧成丁步，目视左手，如图14-7所示。

图14-7 抱球收脚

## 2. 弓步分手

同前弓步分手，唯左右相反，如图14-8所示。

图14-8 弓步分手

学练要点：弓步时，不可将重心过早前移，造成脚掌沉猛落地，后脚应有蹬碾动作。凡弓步前脚膝盖垂线不过脚尖，前腿为实腿，承重70%左右，后腿为虚腿，承重30%左右；此式弓步左右横向距离与肩同宽（约30cm），分手与弓步要协调同步。转体撇脚时，先屈后腿，腰后坐，同时屈两臂成抱球状合于体前，注意不可抬肘。

## 三、白鹤亮翅

### （一）跟步抱球

上体稍左转，右脚向前跟步，落于左脚后；两手在胸前屈臂抱球，目视左手，如图 14-9 所示。

图 14-9　跟步抱球

### （二）虚步分手

上体后坐并向右转体，左脚稍向前移动，成左脚虚步；右手分至右额前，掌心向内，手指松垂，左手按至左腿旁，手指朝前，手心向下，上体转正，手臂微屈，目视前方，如图 14-10 所示。

图 14-10　虚步分手

学练要点：抱球与跟步要同时，转身时身体侧转不超过 45°，左脚前移与分手同时完成。

## 四、左、右搂膝拗步

### （一）左搂膝拗步

**1. 收脚托掌**

上体右转，右手至头前下落，经右胯侧向后方上举，与头同高，手心向上，左手上摆，向右画弧落至右肩前；左脚内收，目视右手。如图14-11所示。

图14-11　左搂膝拗步

### 2. 弓步搂推

上体左转，左脚向左前方迈出一步成左弓步；左手经膝前上方搂过，停于左腿外侧，掌心向下，指尖向前，右手经肩上，向前推出，右臂微屈，目视右手前方，如图14-12所示。

图14-12　弓步搂推

## （二）右搂膝拗步

### 1. 收脚托掌

重心稍后移，左脚尖翘起外撇，上体左转，右脚收至左脚内侧成丁步；右手经头前画弧摆至左前肩，掌心向下，左手向左上方画弧上举，与头同高，掌心向上，目视左手，如图14-13所示。

图14-13　收脚托掌

图 14-13　收脚托掌（续）

### 2. 弓步搂推

同前弓步搂推，唯左右相反，如图 14-14 所示。

图 14-14　弓步搂推

学练要点：两手画弧时要以腰带动；推掌时要沉肩垂肘，坐腕舒掌。搂推协调，转身蹬地推掌。此式弓步左右横向距离约 20cm。

## 五、手挥琵琶

### 1. 跟步展臂

右脚向前收拢半步落于左脚后，右臂稍向前伸展，如图 14-15 所示。

图 14-15　跟步展臂

### 2. 虚步合手

上体稍向左回转，左脚稍前移，脚跟着地，成左虚步；两臂屈肘合抱，右手与左肘相对，掌心对右肘内侧，如图 14–16 所示。

图 14–16　虚步合手

学练要点：两手摆掌时有上挑并向里合之意。合臂时腰下沉，两臂前伸，腋下虚空，肘膝相对。眼神随两臂运行，定势眼视左手。

## 六、左、右倒卷肱

### （一）右倒卷肱

#### 1. 退步卷肱

上体稍右转，两手翻转向上，右手随转体向后上方画弧上举至肩上耳侧，左手停于体前；上体稍左转，左脚提起向后退一步，脚前掌轻轻落地，目视左手，如图 14–17 所示。

图 14–17　退步卷肱

## 2. 虚步推掌

上体继续左转,重心后移,成右虚步;右手推至体前,左手向后、向下画弧,收至左腰侧,手心向上,目视右手,如图 14-18 所示。

图 14-18　虚步推掌

### (二) 左倒卷肱

#### 1. 退步卷肱

同右倒卷肱的退步卷肱,唯左右相反,如图 14-19 所示。

图 14-19　退步卷肱

#### 2. 虚步推掌

同右倒卷肱的虚步推掌,唯左右相反,如图 14-20 所示。

图 14-20　虚步推掌

学练要点：转身时用腰带手后撤，走斜弧形路线。提膝屈肘和左掌翻手都要同步完成。推掌走弧形且坐腕、展掌、舒指。做整个倒卷肱动作时，重心移动要平稳，不可起伏。

## 七、左揽雀尾

### 1. 抱球收脚

上体右转，右手向侧后上方画弧，左手在体前下落，两手呈右抱球状；左脚收成丁步，眼神先随右手，再转向前方，如图14-21所示。

图14-21 抱球收脚

### 2. 弓步掤臂

上体左转，左脚向左前方迈成左弓步；两手前后分开，左臂半屈向体前掤架，右手向下画弧按于左胯旁，五指向前，目视左手方向，如图14-22所示。

图14-22 弓步掤臂

### 3. 转体摆臂

上体稍向左转，左手内旋向左前方伸出，同时右臂外旋，向上、向前伸至左臂内侧，掌心向上，如图14-23所示。

### 4. 转体后捋

上体右转，身体后坐，两手同时向下经腹前向右后方画弧后捋，右手举于身体侧后方，掌心向外，左臂平屈于胸前，掌心向内，目视右手，如图14-24所示。

图 14-23 转体摆臂

图 14-24 转体后捋

### 5. 弓步前挤

屈右臂右手轻贴左腕里侧，推送左前臂向体前挤出，重心前移成左弓步；两臂撑圆，如图 14-25 所示。

图 14-25 弓步前挤

### 6. 后坐引手

上体后坐，左脚尖翘起；左手翻转向下，右手经左腕上方向前伸出，掌心转向下，两手左右分开与肩同宽，两臂屈收后引，收至腹前，手心斜向下，目视前方，如图 14-26 所示。

第十四章　太极拳

图 14-26　后坐引手

### 7. 弓步前按

重心前移成左弓步；两手走上弧线前按，目视前方，如图 14-27 所示。

图 14-27　弓步前按

学练要点：捋时要转腰带手，不可直臂、折腕。挤时松腰、弓腿一致。前按注意不可耸肩，两臂不可挺直，肘关节保持微屈。

## 八、右揽雀尾

### （一）转体分手

重心后移，上体右转，左脚尖内扣；右手画弧右摆，两手平举于身体两侧；头随右手移转，如图 14-28 所示。

### （二）抱球收脚

左腿屈膝，重心左移，右脚收成丁字步；两手呈左抱球状，如图 14-29 所示。

图 14-28 转体分手

图 14-29 抱球收脚

（三）弓步掤臂

同前面的弓步掤臂，唯左右相反，如图 14-30 所示。

图 14-30 弓步掤臂

（四）转体摆臂

同前面的转体摆臂，唯左右相反，如图 14-31 所示。

图 14-31 转体摆臂

## （五）转体后捋

同前面的转体后捋，唯左右相反，如图 14-32 所示。

图 14-32 转体后捋

## （六）弓步前挤

同前面的弓步前挤，唯左右相反，如图 14-33 所示。

图 14-33 弓步前挤

### (七) 后坐引手

同前面的后坐引手，唯左右相反，如图 14-34 所示。

图 14-34 后坐引手

### (八) 弓步前按

同前面的弓步前按，唯左右相反，如图 14-35 所示。

图 14-35 弓步前按

学练要点：由左势向右势转化时，左脚尽量里扣。右手随身体右转平行向右画弧时，略走上弧，手指高不过眼。重心移动变化时，上体保持正直，随腰转动。

## 九、单鞭

**1. 转体运臂**

上体左转，左腿屈膝，右脚尖内扣；左手向左画弧，掌心向外，右手向左画弧至左肩前，掌心向内，视线随左手运转，如图 14-36 所示。

**2. 勾手收脚**

上体右转，右腿屈膝，左脚收成丁步；右手向上向左画弧，至身体右前方变成勾手，腕高与肩平，左手向下、向右画弧至右肩前，掌心转向内，目视勾手，如图 14-37 所示。

第十四章　太极拳

图 14-36　转体运臂

图 14-37　勾手收脚

### 3. 弓步推掌

上体左转，左脚向左前方（约15°）迈出成左弓步；左手经面前（手心朝里，手指斜朝右上，向左前方平行画弧）接近终点时翻掌向前推出，目视前方，如图 14-38 所示。

图 14-38　弓步推掌

学练要点：重心移动平稳，两腿要虚实分明。做勾手时右臂不要过直。推掌时随上体转动，弓腿，翻掌前推。定势时肘膝相对。

## 十、云手

**1. 转体松勾**

上体右转,左脚尖内扣;左手向下、向右画弧至右肩前,掌心向内,右勾手松开变掌,眼视先左后右,如图 14-39 所示。

图 14-39 转体松勾

**2. 左云收步**

上体左转,重心左移,右脚向左脚收拢,两腿屈膝半蹲,两脚平行向前成小开立步;左手经头前向左画弧运转,掌心渐渐向外翻转,右手向下、向左画弧运转,掌心渐渐转向内,视线随左手运转,如图 14-40 所示。

图 14-40 左云收步

**3. 右云开步**

上体右转,重心右转,左脚向左横开一步,脚尖向前;右手经头前向右画弧运转,掌心逐渐由内转向外,左手向下、向右画弧,停于腹前,掌心渐渐翻转向内,视线随右手运转,如图 14-41 所示。

学练要点:以腰为轴,转腰带手交叉画圆。上下肢要协调一致不可脱节。身体平移,不可倾斜,重心不可起伏。两手运行上不过眼、下不过裆。侧行步两脚要轻起轻落,当一脚踏实时,另一脚脚跟即离地,要此伏彼起,像踏跷跷板一样。

图 14-41 右云开步

## 十一、单鞭

### 1. 转体勾手

上体右转,重心右移,左脚跟提起;右手向左画弧,至右前方掌心翻转变勾手;左手向下、向右画弧至右肩前,掌心转向内,目视勾手,如图 14-42 所示。

图 14-42 转体勾手

### 2. 弓步推掌

同前面的弓步推掌,如图 14-43 所示。

图 14-43 弓步推掌

学练要点：同前面的单鞭。

## 十二、高探马

### 1. 跟步翻手

后脚向前收拢半步；右手勾手松开，两手翻转手心向上，肘关节微屈，眼神先看右手，再移向左手，如图14-44所示。

图14-44　跟步翻手

### 2. 虚步推掌

上体稍右转，重心后移，左脚稍向前移成左虚步；上体左转，右手经头侧向前推出，手指斜朝左；左臂屈收至左腰侧，掌心向上，眼平视前方，如图14-45所示。

图14-45　虚步推掌

学练要点：跟步时上体正直，不可起伏。推手与成虚步同时。

## 十三、右蹬脚

### 1. 穿手上步

上体稍左转，左脚提收向左前方迈出，脚跟着地过渡成左弓步；右手稍向后收，左手经右手背上方向前穿出，两手交叉，左掌心斜向上，右掌心斜向下，目视前方，如图14-46所示。

图14-46 穿手上步

### 2. 分手弓步

上体稍右转，两手向两侧画弧分开，掌心皆向外，目视前方，如图14-47所示。

图14-47 分手弓步

### 3. 抱手收脚

右脚成丁步，两手向腹前画弧相交合抱，举至胸前，右手在外，两掌心皆转向内，目视右前方，如图14-48所示。

图14-48 抱手收脚

#### 4. 分手蹬脚

两手手心向外撑开，两臂展于身体两侧，肘关节微屈，腕与肩平；左腿支撑，右腿屈膝上提，脚跟用力慢慢向前上方蹬出，脚尖上勾，膝关节伸直，右腿与右臂上下相对，方向为右前方约30°，目视右手，如图14-49所示。

图 14-49　分手蹬脚

学练要点：两手交叉距离胸部20cm，两背撑圆。身体左转45°。蹬脚不低于腰，两手高不过头。两臂夹角约135°，右臂对应右腿，分手撑掌与蹬脚同时完成。

## 十四、双峰贯耳

#### 1. 屈膝并手

右小腿屈膝回收，左手向体前画弧，与右手并行落于右膝上方，掌心皆翻转向上，如图14-50所示。

#### 2. 弓步贯掌

右脚下落向右前方上步成右弓步；两手握拳经两腰侧向上、向前画弧摆至头前，两臂半屈成钳形，两拳相对，同头宽，同太阳穴高，拳眼斜向下，目视前方，如图14-51所示。

学练要点：弓步的方向与右蹬脚的方向一致。弓步贯拳时肘关节下垂，上体正直。

第十四章 太极拳

图 14-50 屈膝并手

图 14-51 弓步贯掌

## 十五、转身左蹬脚

**1. 转体分手**

重心后移，左腿屈坐，上体左转，右脚尖内扣；两拳松开，左手向左画弧，两手平举于身体两侧，掌心向外，目视左手，如图 14-52 所示。

图 14-52 转体分手

### 2. 抱手收脚

重心右移，右腿屈膝后坐，左脚收至右脚内侧成丁步；两手向下画弧交叉合抱，举至胸前，左手在外，两手心皆向内，目视左前方，如图14-53所示。

图14-53 抱手收脚

### 3. 分手蹬脚

同右蹬脚，唯左右相反。如图14-54所示。

图14-54 分手蹬脚

学练要点：转身时，要充分坐腿扣脚，上体保持正直，不可低头弯腰。左蹬脚与右蹬脚的方向要对称。

## 十六、左下势独立

### 1. 收脚勾手

左腿屈收于右小腿内侧；上体右转，右臂稍内合，右手变勾手，左手画弧摆至右肩前，掌心向右，目视勾手，如图14-55所示。

### 2. 仆步穿掌

上体左转，右腿屈膝，左腿向左前方伸出成左仆步；左手经右肋沿左腿内侧向左穿出，掌心向前，指尖向左，目视左手，如图14-56所示。

图 14－55　收脚勾手

图 14－56　仆步穿掌

### 3. 弓腿起身

重心移向左腿成左弓步；左手前穿并向上挑起，右勾手内旋，置于身后，勾尖朝上，目视前方，如图 14－57 所示。

图 14－57　弓腿起身

### 4. 独立挑掌

上体左转，重心前移，左脚以脚跟为轴外展约 45°，右腿屈膝提起成左独立步；左手下落按于左胯旁，右勾手下落变掌，向体前挑起，掌心向左，高于眼平，右臂半屈成弧，目视前方，如图 14－58 所示。

图 14-58 独立挑掌

学练要点：仆步穿掌时上体不可前倾，仆腿自然伸直，不可用力挺直。由仆步转换独立步时，一定要充分做好两脚的外撇和内扣。独立挑掌时前手肘与膝相对，上挑手中指不超鼻尖。独立步要坐实左腿慢慢带动右腿向前提起，切忌用力蹬起。下势仆步时仆出脚脚尖与屈蹲脚脚跟在一条直线上，屈蹲脚脚外展与膝关节同方向。

## 十七、右下势独立

### 1. 落脚勾手

右脚落于左脚右前方，脚前掌着地，上体左转，两脚以脚掌为轴带动身体左转约 90°；左手变勾手向上提举于身体左侧，高与肩平，右手画弧摆至左肩前，掌心向左，目视勾手，如图 14-59 所示。

图 14-59 落脚勾手

### 2. 仆步穿掌

同前面的仆步穿掌，唯左右相反，如图 14-60 所示。

### 3. 弓腿起身

同前面的弓腿起身，唯左右相反，如图 14-61 所示。

第十四章　太极拳

图 14 – 60　仆步穿掌

图 14 – 61　弓腿起身

### 4. 独立挑掌

同前面的独立挑掌，唯左右相反，如图 14 – 62 所示。

图 14 – 62　独立挑掌

练习要点：右脚前掌应落在左脚右前方 20cm 处。仆步穿掌时，应先把右脚提起后再伸出。其他要点同左下势。

## 十八、左右穿梭

### （一）右穿梭

#### 1. 落脚抱球

左脚向左前方落步，脚跟先着地，脚尖外撇，上体左转重心前移，右脚收至左脚里侧成右丁步，两手呈左抱球状，目视右前方，如图 14-63 所示。

图 14-63　落脚抱球

#### 2. 弓步架推

上体右转，右脚向右前方（45°斜角）上步成右弓步；右手向前上方画弧，翻转上举，掤架于右额前上方，左手向后下方画弧，经肋前推至体前，高与鼻平，目视左手，如图 14-64 所示。

图 14-64　弓步架推

### （二）左穿梭

#### 1. 抱球收脚

重心稍后移，右脚尖外撇，左脚收成左丁步；上体右转，两手在右肋前上下相抱，如图 14-65 所示。

第十四章　太极拳

图 14-65　抱球收脚

**2. 弓步架推**

同前面的弓步架推，唯左右相反，如图 14-66 所示。

图 14-66　弓步架推

学练要点：做弓步架推时，手脚方向一致，两掌要有滚动上架与前推。

## 十九、海底针

**1. 跟步提手**

右脚向前收拢半步，随之重心后移，右腿屈坐；上体右转，右手下落屈臂提肘至耳侧，掌心向左，指尖向前，左手向右画弧下落至腹前，掌心向下，指尖斜向右，目视前下方，如图 14-67 所示。

图 14-67　跟步提手

**2. 虚步插掌**

上体左转向前俯身，左脚稍前移成左虚步；右手向前下方斜插，左手经膝前画弧搂过，按至左大腿侧，目视右手，如图 14-68 所示。

图 14-68　虚步插掌

学练要点：右手随转体在体侧画一立圆提于右耳侧。插掌时不可因前俯而弯腰驼背。上下肢动作必须协调同步。

## 二十、闪通臂

**1. 提手收脚**

上体右转，恢复正直；右手提至胸前，左手屈臂收举，指尖贴近右腕内侧；重心在右，目视前方，顾及双手，如图 14-69 所示。

图 14-69 提手收脚

#### 2. 弓步推掌

左脚向前上步成左弓步；左手经右腕背推至体前，右手翻掌向上、向后画弧撑于头侧上方，掌心斜向上，两手分展，目视左手，如图 14-70 所示。

图 14-70 弓步推掌

学练要点：两手先上提，后分开。右手上撑向后引拉。左臂、左腿上下相对，此式弓步左右横向距离约 10cm。

## 二十一、转身搬拦捶

#### 1. 转体扣脚

重心后移，右腿屈坐，左脚尖内扣；身体右转，右手摆至体右侧，左手摆至头左侧，掌心均向外，目视右手，如图 14-71 所示。

图 14-71 转体扣脚

## 2. 坐腿握拳

重心左移，左腿屈坐，右腿自然伸直；右手握拳向下、向左画弧停于左肋前，拳心向下，左手举于左额前，眼向前平视，如图14-72所示。

图14-72 坐腿握拳

## 3. 踩脚搬拳

右脚提收至左脚内侧，再向前迈出，脚跟着地，脚尖外撇；右拳经胸前向前、向右搬压，拳心向上，高与胸平，肘部微屈，左手经右前臂外侧下落，按于左胯旁，目视右拳方向，如图14-73所示。

图14-73 踩脚搬拳

## 4. 转体收拳

上体右转，重心前移，右拳向右画弧至体侧，拳心向下，左臂外旋，向体前画弧，掌心斜向上，如图14-74所示。

## 5. 上步拦掌

左脚向前上步，脚跟着地；左掌拦至体前，掌心向右，右拳翻转收至腰间，拳心向上，目视左掌，如图14-75所示。

## 6. 弓步打拳

上体左转，重心前移成左弓步；右拳向前打出，肘微屈，拳眼向上，左手微收，掌指附于右前臂内侧，掌心向右，目视右拳，如图14-76所示。

学练要点：身体右转时，左脚尽力内扣。踩脚时勿抬脚过高，迈出时脚尖外撇。

第十四章　太极拳

图 14－74　转体收拳

图 14－75　上步拦掌

图 14－76　弓步打拳

## 二十二、如封似闭

### 1. 穿手翻掌

左手翻转向上，从右前臂下向前穿出；同时右拳变掌，也翻转向上，两手交叉举于体前，目视前方，如图 14－77 所示。

图 14-77 穿手翻掌

### 2. 后坐收掌

重心后移,两臂屈收后引,两手分开收至胸前,与胸同宽,掌心斜相对,目视前方,如图 14-78 所示。

图 14-78 后坐收掌

### 3. 弓步按掌

重心前移成左弓步,两掌经胸前弧线向前推出,高与肩平,宽与肩同,目视前方,如图 14-79 所示。

图 14-79 弓步按掌

学练要点:后坐收掌时避免上体后仰。弓步按掌时两掌由上向下、向前推按,避免耸肩,做到沉肩坠肘、两手心斜相对。

## 二十三、十字手

### 1. 转体扣脚

上体右转，重心右移，右腿屈坐，左脚尖内扣；右手向右摆至头前，两手心皆向外，目视前方，眼神顾及右手，如图14-80所示。

图14-80 转体扣脚

### 2. 弓腿分手

上体继续右转，重心继续右移，右脚尖外撇侧弓，右手继续画弧至身体右侧，两臂侧平举，手心皆朝向两侧前45°，目视前方，眼神顾及右手，如图14-81所示。

图14-81 弓腿分手

### 3. 交叉搭手

上体左转，重心左移，左腿屈膝侧弓，右脚尖内扣；右脚提起收拢半步，同时两手画弧下落，腹前交叉成十字形，右手在下，手心皆向上，如图14-82所示。

### 4. 立起合抱

重心右移，两腿慢慢直立；两交叉手随身体立起往前往上领起合抱于胸前，目视前方。如图14-83所示。

图 14-82　交叉搭手

图 14-83　立起合抱

学练要点：转体扣脚与弓步分手要连贯衔接。两手画弧下落时不可弯腰低头。

## 二十四、收式

### 1. 翻掌分手

两臂内旋，两手翻转向下分开，重心落在两腿中间，两臂慢慢下落停于身体两侧，目视前方，如图 14-84 所示。

图 14-84　翻掌分手

## 2. 并脚还原

松手，左脚轻轻收回，恢复成预备姿势，如图 14-85 所示。

图 14-85　并脚还原

学练要点：翻掌分手时，左手在上，腕关节不要屈折挽花。垂臂落手与起身一致。

微课

基本手型　　　　　基本步型　　　　　基本手法　　　　　基本步法

易犯错误　　　完整二十四式简化太极拳欣赏

## 第三节　太极拳考试内容与评分标准

### 一、考核内容

二十四式简化太极拳

### 二、评分标准

优秀（86~100分）：动作正确，连贯协调，圆活，体现了杨式太极拳的风格和特点，重心低而稳定，连绵不断而不停顿，心静体松。

良好（71~85分）：动作正确，连贯协调，圆活，体现了杨式太极拳的风格和特点，重心稍低而稳定，连绵不断，心静体松。在整套动作中出现二次的停顿。

及格（60~70分）：动作较正确，较连贯协调，圆活，体现了杨式太极拳的风格和特点，重心高而稳定，连绵不断，心静体松。在整套动作中出现二次的停顿。

不及格（60分以下）：动作有严重的错误，在整套动作中出现三次或三次以上的停顿。

# 第十五章　跆拳道

## 第一节　跆拳道概述

### 一、跆拳道的起源

跆拳道起源于朝鲜半岛，距今已有两千多年的历史。朝鲜民族古时以农业及打猎为生，在抵御野兽、对抗入侵与祭祀活动的舞艺中，逐渐演变出有意识的攻防技巧及格斗自卫武艺的雏形。

所谓跆拳道，跆（TAE），意为以脚踢、摔撞；拳（KWON），即以拳头打击；道（DO），是一种艺术方法。跆拳道就是一种利用拳和脚的艺术方法。它是以脚法为主的功夫，其脚法占70%。同时，跆拳道是经过东亚文化发展的一项朝鲜武术，以东方心灵为土壤，承继长久传统，以"以礼始，以礼终"的武道精神为基础。

### 二、跆拳道的技术特点

（1）腿法为主，拳脚并用。
（2）强调呼吸，发声扬威。
（3）动作追求速度、力量。
（4）以刚制刚，方法简练。
（5）礼始礼终，内外兼修。

### 三、跆拳道的价值

（1）强健体魄，防身自卫。
（2）竞技比赛，娱乐观赏。
（3）开发潜能，磨炼意志。
（4）健全精神，完美人格。

## 第二节　跆拳道的基本技术

跆拳道中的"礼仪"是跆拳道基本精神的具体体现。跆拳道练习虽然是以双方格斗的形式进行，但是不管它怎样激烈，由于双方都是以提高技艺和磨炼意志品质为目的，所以在双方各自内心深处都必须持有向对方表示敬意和学习的心理。因此在练习或比赛前后都一定要向对方敬礼，即跆拳道运动始终倡导的"以礼始，以礼终"的尚武精神。"礼仪"是跆拳道运动必不可少而且十分重要的组成部分，如图15-1所示。

图15-1　跆拳道"礼仪"

### 一、跆拳道的实战姿势

左脚在前叫左式，右脚在前叫右式。两脚前后开立与肩同宽，前脚尖45°斜向左前方，后脚跟抬起，膝关节微弯曲，重心在两脚之间。上身自然直立，双手握拳。目视正前方，如图15-2所示。

动作要领：身体自然，肌肉放松。膝关节松而不懈，富有弹性。心无杂念，以无意为有意。

易犯错误：全身紧张，肌肉僵硬。重心偏前或偏后，不利于启动。膝关节不弯曲，缺乏弹性。

图15-2　实战姿势

### 二、跆拳道基本步法

#### （一）上步

左架站立，右脚向前上一步，成为右架。反之左架亦然，如图15-3所示。

要领：上步时通过向左拧腰转胯完成，两臂在体侧自然上下移动，重心不要上下起伏过大。

实战使用：上步时，常用于逼迫对方后撤，或引诱对方进攻，而当对手使用上步时，自己可以立即使用进攻技术攻击对方。

第十五章 跆拳道

图 15-3 上步

## （二）后撤步

左架站立，左脚向后撤一步，成为右架，反之亦然，如图 15-4 所示。

要领：后撤步时重心保持平稳移动，通过向左拧腰转胯完成，两臂在体侧自然上下移动。

实战使用：后撤步常用在对方使用前横踢时，当对方准备继续进攻时，可使用前腿的侧踢或鞭踢或劈腿阻击对方。

图 15-4 后撤步

## （三）前跃步

右架站立，两脚同时向前跃进一步，保持右架准备姿势，反之亦然，如图 15-5 所示。

要领：向前跃进时，重心不宜起伏过大，尽量使重心平稳移动，两脚稍离地即可。

实战使用：前跃步常使用在快速接近对方以使用横踢或劈腿等进攻动作时。当对方前跃步时，可用前腿的劈腿或后踢或后旋等进攻动作。但是有时对方使用前跃步是为了引诱自己反击后要调整重心时再进攻得分，因此，此时自己可随之后撤一步避免被对方进攻。

## （四）后跃步

右架站立，两脚同时向后回撤一步，保持右架准备姿势，反之左架亦然，如图 15-6 所示。

图 15-5 前跃步　　　　　图 15-6 后跃步

要领：向后回撤时，重心不宜起伏过大，尽量使重心平稳移动，两脚稍离地即可。

实战使用：后跃步常使用在对方进攻，自己需要快速与对方拉开距离时。此时由于自己有一个向后撤的惯性，所以再用进攻的动作有一定的难度，一般是使用迎击动作，如后踢或后旋等。若对方使用后跃步，则自己要防止对方的阻击动作；如果自己使用组合动作，则在对方跃步时，自己一般使用侧踢、推踢或外摆劈腿等动作。

### （五）原地换步

动作过程：右架站立，两脚原地前后交换，由右架换成左架，反之左架亦然，如图15-7所示。

图15-7　原地换步

要领：重心不宜起伏过大，尽量使重心平稳移动，两脚稍离地即可。

实战使用：原地换步常用在对方与自己是闭式站位，自己为了与对方形成开式站位以利于击打对方胸腹，或是为了不让对方的优势腿发挥威力，使对方感到别扭。当对方原地换步时，可利用此时机抢攻得点。

### （六）垫步

右架站立，左脚向右脚内侧上步，同时右腿迅速抬起以便进攻和防守，如图15-8所示。

图15-8　垫步

要领：左脚垫步时，右脚要迅速提起，重心落在左腿上，左膝微屈。

实战使用：使用垫步，主要是在主动进攻时用前腿攻击对方。

## 三、跆拳道基本腿法

跆拳道是一种以腿法为主的武技，实战中步法的灵活运用对保证充分发挥腿的威力、取得实战的胜利具有极其重要的意义。腿法使用时多以后腿进攻，因此跆拳道的步法具有鲜明的特点，即重心落在两脚之间或偏于前脚，而且身体姿势大都以侧向站位，以便保护身体和下面要害部位；也能使后腿通过拧腰转髋发力，增加击打的力量和速度。

## （一）前踢

以左势实战姿势开始；右脚向后蹬地，身体重心前移至左脚；右脚蹬地顺势屈膝提起，左脚以前脚掌为轴外旋约90°，同时，右腿迅速以膝关节为轴伸膝、送髋、顶髋，把小腿快速向前踢出，力达脚尖或前脚掌。踢击目标后右腿迅速放松弹回，落回原地仍成左式实战姿势，如图15-9所示。

图15-9　前踢

## （二）横踢

右脚蹬地，重心移到左脚，右脚屈膝上提，两拳置之于胸前；左脚前脚掌辗地内旋，髋关节左转，左膝内扣；随即左脚掌继续内旋转180°，右脚膝关节向前抬置水平状态；小腿快速向左前横踢出；击打目标后迅速放松收回小腿。右脚落回，成实战姿势，如图15-10所示。

图15-10　横踢

## （三）下劈

以实战姿势开始。右脚蹬地，重心前移至左脚。同时，右腿以髋关节为轴屈膝上提，两手握拳置于胸前；随即充分送髋，上提膝关节至胸部，右小腿以膝关节为轴向上伸直，将右腿伸直举于体前,右脚过头,脚尖勾起。然后放松向下,以右脚后跟快到击打目标时脚面崩平(同时腰部发力)下压击打,力量在空中快速爆发,右脚自然落地成实战姿势,如图 15 - 11 所示。

图 15 - 11　下劈

动作要领:距离一定要注意,不能过近;支撑脚要旋转,在发力时腿尽量往高举;脚放松往前落,落地要有控制;起腿要快速、果断;踝关节要放松。劈腿的主要攻击部位有头顶、脸部和锁骨。另外,里合下劈是打近距离的,主要是贴靠时分开的一瞬间使用;外摆下劈是打远距离的,用的是脚底。如果近距离时用外摆下劈,则可以用脚背击打。

### (四) 侧踢

由实战的基本姿势开始,右脚蹬地右腿以髋关节为轴屈膝提起,两手握拳置于体侧;随即左脚以前脚掌为轴外旋 180°,旋转同时提膝,髋关节向左旋转,勾脚尖成为足刀,右腿以膝关节为轴向前踢出,右脚快速向右前上方直线踢出,力点在足刀。发力后沿起腿路线收腿,放松,重心落下(原处或向前均可),再次回到实战姿势,如图 15 - 12 所示。

图 15 - 12　侧踢

动作要领:起腿时大小腿、膝关节夹紧;踢出发力时头肩、腰、髋、膝、腿和踝成一直线;大小腿直线踢出,原路线收回。侧踢动作的主要攻击部位有膝部、腹部、肋部、胸部和头面部。

### (五) 后踢

由实战的基本姿势开始,两脚以两脚掌为轴均内旋约 180°,身体之右转约 90°,两拳置于胸前。上体右转时扣肩转头,右脚蹬地将蹬地的力量与上体拧转的力量合在一起,以左脚掌为轴内旋约 90°,同时将右大小腿收紧并夹紧大腿,然后向后直线踢出,自然收腿转身成为新的实战姿势,如图 15 - 13 所示。

动作要领:后踢动作的主要攻击部位有膝部、腹部、裆部、胸部和头面部。

图 15-13　后踢

### （六）后旋踢

由实战的基本姿势开始，两脚以两脚掌为轴均内旋约 180°，身体随之右转约 90°，两拳置于胸前。上体右转，与双腿拧成一定角度。右脚蹬地将蹬地的力量与上体拧转的力量合在一起，右腿继续向右后旋摆鞭打，同时上体向右转，带动右腿弧形摆至身体右侧，右腿屈膝回收；右脚落到右后成实战姿势，如图 15-14 所示。

图 15-14　后旋踢

动作要领：转身旋转、踢腿连贯进行，一气呵成，中间没有停顿，初学者可以理解为转身侧踢变勾踢；击打点应在正前方 11 点发力，到 13 点后发力结束，呈水平弧线自然收回；屈膝起腿的旋转速度要快；重心在原地旋转 360°。后旋踢攻击的主要部位有面额和胸部。

### （七）双飞腿

双飞踢简称"双飞"，是跆拳道比赛中较为常用的技术动作之一，也是运动员主要得分的手段。首先左架站立，重心移至右腿，提起右大腿使用横踢，然后在右脚未落下时，立即提左腿使用横踢，也就是连续使用两个横踢动作攻击对方，如图 15-15 所示。击打后，两脚自然落下，还原成左架姿势。

图 15-15　双飞腿

动作要领：用双飞腿技术主要是攻击对方的胸腹部、两肋和面部。

### （八）旋风踢

旋风踢也称后转体横踢，是跆拳道比赛中常用的动作之一。运动员右架站立，以右前脚掌为轴，脚后跟外旋，重心移至右腿；身体向后转约360°，左脚也随着向后转动；身体稍后仰，左脚下落的同时，右脚蹬地使用右脚横踢技术；击打后，两脚自然下落成右架姿势，如图15-16所示。

图15-16　旋风踢

### （九）侧摆踢

由实战的基本姿势开始，右脚蹬地重心前移，右腿以髋关节为轴屈膝上提，两手握拳置于胸前；左脚以前脚掌为轴外旋180°，右腿以膝关节为轴继续向前上方伸成直线，顺势右脚的脚掌用力向右侧屈膝鞭打，顺鞭打之势上体右转，右腿屈膝回收，右脚落回原处，成实战姿势，如图15-17所示。

图15-17　侧摆踢

动作要领：提膝、伸直，右侧屈膝鞭打动作要连贯快速，没有停顿；击打点在体前偏右侧，以脚掌为击打点；左脚旋转支撑保持平衡，踹击后迅速将腿收回。摆踢攻击的主要部位是头面部和腹胸部。

微课

步法　　　　　拳法　　　　　手刀　　　　　横踢　　　　　下劈

## 第三节　跆拳道考试内容与评分标准

### 一、双飞

考试方法：考生在30s内使用双飞踢技术连续击打大沙包，两脚不可同时着地，准确、有力、符合双飞踢技术标准的击打，方被视为有效击打。考评员对考生所完成有效击打的次数进行计数，无效击打不予计数。沙包底部距离地面的高度为：男生身高170cm以下为85cm，身高170cm以上为95cm；女生身高160cm以下为70cm，身高160cm以上为75cm，如表15-1所示。

表15-1　双飞评分表

| 分值 | 20 | 18 | 16 | 14 | 12 | 10 | 8 | 6 |
|---|---|---|---|---|---|---|---|---|
| 男生成绩/个 | 50 | 45 | 40 | 35 | 30 | 25 | 20 | 15 |
| 女生成绩/个 | 40 | 35 | 30 | 30 | 25 | 20 | 15 | 10 |

### 二、左右高位横踢

考试方法：考生在30s内使用高横踢技术连续击打脚靶（左、右腿交替进行），每个技术动作路线正确、步法灵活、动作连贯、速度快、力量足、有气势、击打准确且效果明显，方能视为有效击打。考评员对考生所完成有效击打的次数进行计数，无效击打不予计数。靶位高度为：以考生的腰腹部为最低靶位高度。如表15-2所示。

表15-2　高位横踢评分表

| 分值 | 10 | 9 | 8 | 7 | 6 | 4 | 2 | 1 |
|---|---|---|---|---|---|---|---|---|
| 男生成绩/个 | 30 | 28 | 26 | 24 | 22 | 20 | 18 | 16 |
| 女生成绩/个 | 25 | 20 | 18 | 16 | 14 | 12 | 10 | 8 |

## 三、组合动作（护具靶技术）

考试方法：一人穿戴护具，考生依次完成（均以左式准备姿势开始）。前腿下劈—后踢—旋风踢、左右横踢—后踢、后踢—后撤步—旋风踢、前腿横踢—下劈—后踢、后撤步—后腿下劈—后旋踢组合动作，要求考生技术动作规范、协调、有节奏感，每组动作完成后再进行下一组的动作。

评分标准：对考生的技术规格（速度、力量、协调、动作衔接）、技术发挥、动作质量等方面进行综合评定。采用10分制评分，分数只保留小数点后一位。

## 四、实战能力

考试方法：体重分级按照中国跆拳道协会审定的竞赛规则执行，在同一体重级别内，考生随机配对进行实战。配对考生在跆拳道垫子上进行实战，共一局，实战时间为 1~2min。若双方实力悬殊，为保护考生安全，主考评员可提前终止实战。

评分标准：对考生的礼仪、精神、意志品质、技术运用（准确性、协调性、灵活性、连贯性、速度、击打效果等）、战术运用、临场应变能力、得分意识、高难度技术运用等方面进行综合评定。采用10分制评分，分数只保留小数点后一位。

# 第十六章　游泳运动

## 第一节　游泳运动概述

游泳运动是指人体在水里凭借自身肢体动作与水的相互作用，在水上漂浮前进或在水下潜泳而进行的一种有意识的技能活动。长期坚持游泳锻炼，可以提高人体的新陈代谢能力，有效改善体温调节机能，促进身心健康发展。在现代社会，游泳是一项适合全民健身的运动，也是最受大众喜爱的体育项目之一。

随着游泳运动的发展，游泳分为竞技游泳、花样游泳、实用游泳三大类，而水球、跳水及蹼泳运动等已从游泳运动中分离出去，成为独立的竞赛项目。其中，竞技游泳包括蛙泳、自由泳、仰泳和蝶泳四种姿势。根据国家体育总局最新颁布的游泳竞赛规则，竞技游泳的竞赛项目设置如表16-1所示。

表 16-1　竞技游泳的竞赛项目

| 项目 | 距离/m（50m池） | 距离/m（25m池，即短池） |
| --- | --- | --- |
| 自由泳 | 50，100，200，400，800，1 500 | 50，100，200，400，800，1 500 |
| 仰泳 | 50，100，200 | 50，100，200 |
| 蛙泳 | 50，100，200 | 50，100，200 |
| 蝶泳 | 50，100，200 | 50，100，200 |
| 个人混合泳 | 200，400 | 100，200，400 |
| 自由泳接力 | 4×100，4×200 | 4×50，4×100，4×200 |
| 混合泳接力 | 4×100 | 4×50，4×100 |
| 备注 | 男女比赛项目相同 | |

## 第二节　熟悉水性

熟悉水性是学习各种游泳姿势的一个重要练习，其目的是让初学者通过身体的感官来感知水的浮力、压力和阻力等，逐步适应水的特性和环境，消除对水的恐惧，并掌握水中行走、呼吸、漂浮、滑行等一些基本的游泳动作，为今后学习和掌握各种游泳技术打下良好的基础。

## 一、水中行走

一般在齐腰深的水中进行，做各种方向的行走或跑的练习，可用两手拨水维持平衡或加快走、跑、跳、转身、跃起、下沉等。常见错误动作与纠正方法如表16-2所示。

表16-2 常见错误动作与纠正方法

| 常见错误 | 原因 | 纠正方法 |
|---|---|---|
| 不敢下水 | 怕水 | 鼓励，消除怕水心理 |
| 腿不敢向前移动 | 怕失去身体平衡 | 开始行走时速度慢些，脚站稳后再迈步 |
| 摔倒 | 走动时，掌握不了身体平衡 | 身体向前移动时，腿向后蹬和向前抬腿时都要用力。身体稍前倾，重心落在两脚之间，两手在体侧维持平衡 |

## 二、水中呼吸

水中呼吸练习是游泳教学的难点，也是熟悉水性阶段的关键内容，应贯穿于整个练习的始终。该练习可使初学者基本掌握游泳的呼吸方法、呼吸过程、呼吸节奏，以适应头部入水的刺激，消除怕水的心理，如图16-1所示。

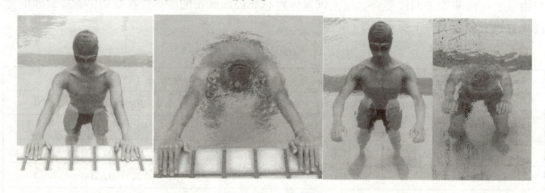

图16-1 呼吸练习

游泳主要用口吸气，呼气用鼻或口鼻一齐呼。练习主要是单人、扶边或在同伴帮助下进行，用口吸气后闭气，慢慢下蹲把头全部浸入水中，停留片刻后起立换气，如图16-1所示。常见错误动作与纠正方法如表16-3所示。

表16-3 常见错误动作与纠正方法

| 常见错误 | 原因 | 纠正方法 |
|---|---|---|
| 用鼻吸气 | 动作概念不清，或受习惯动作影响 | 明确动作要领，练习时可用手捏鼻（或用鼻夹），强迫练习者用口吸气 |
| 没有在水下呼气 | 动作概念不清，或受怕水心理影响 | 明确动作要领，练习时要用力呼气，要连续冒出气泡 |

## 三、水中漂浮

练习水中漂浮时,要尽量深吸一口气,在水中闭气的时间应尽量长,并且身体要放松。站立时,两臂前伸向下按压水并抬头,以脚触池底站立。练习方法主要有抱膝浮体练习和展体浮体练习,如图 16 – 2 所示。常见错误动作与纠正方法如表 16 – 4 所示。

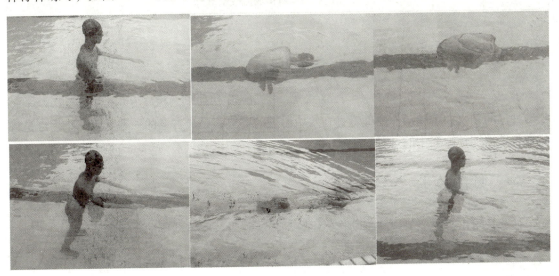

图 16 – 2　漂浮与站立

表 16 – 4　常见错误动作与纠正方法

| 常见错误 | 原因 | 纠正方法 |
| --- | --- | --- |
| 浮不起来 | 紧张,未深吸气 | 反复练习用口深吸气的动作和闭气动作。讲清道理,不要紧张 |
| 站立时向前倒 | 动作概念不清,两臂没有前伸和向下压水抬头动作 | 明确动作要领,练习时要求两臂向前伸直触池底站立。站立后,两手可在体前、体侧拨水,以帮助身体站稳 |

## 四、水中滑行

在水中滑行时,臂和腿自然伸直,身体放松成流线型,要尽量延长闭气时间和滑行距离。练习方法主要有蹬池底滑行练习和蹬边滑行练习,如图 16 – 3 所示。常见错误动作与纠正方法如表 16 – 5 所示。

图 16 – 3　蹬边滑行

表 16-5　常见错误动作与纠正方法

| 常见错误 | 原因 | 纠正方法 |
|---|---|---|
| 蹬壁无力 | 蹬壁前，身体离池壁太远 | 蹬壁前，臀部尽量靠近池壁，大小腿尽量收紧，用力蹬壁 |
| 滑行时抬头塌腰 | 动作概念不清 | 明确要领。蹬出滑行时要求低头夹于两臂之间，使身体成流线型滑行 |

## 第三节　蛙　泳

蛙泳的划水和蹬腿动作酷似青蛙在水中游进的姿势，是最古老的一种泳姿之一，也是现代竞技游泳四种泳姿中的一种。

### 一、蛙泳技术

蛙泳技术由身体姿势、腿部动作、手臂动作、呼吸及完整动作配合五个部分组成。

#### （一）身体姿势

身体基本是水平卧在水中，身体纵轴与前进方向成 5°~10°，抬头时水齐下颌，游进过程中身体必须保持较好的流线姿势，以减少阻力，充分发挥臂和腿的推进作用，如图 16-4 所示。

图 16-4　身体姿势

#### （二）腿部动作

蛙泳的腿部动作很重要，可产生较大的推进力。腿的动作可分为四部分，即收腿、翻脚、蹬夹腿和滑行，如图 16-5 所示。

**1. 收腿**

收腿动作不但不产生推进力，而且会给身体带来阻力，因此要考虑如何减小阻力。开始收腿时同时屈膝屈髋，两膝边慢慢分开边向前收腿，小腿和脚应跟在大腿和臀部的后面，以较慢的速度和较小的力量使脚后跟向臀部靠拢，以减小阻力。收腿结束后，大腿与躯干之间成 130°~140°，大腿与小腿之间成 40°~50°。

**2. 翻脚**

翻脚对蛙泳蹬腿的效果起着重要作用。但翻脚并不是一个独立的动作阶段，而是在收腿没有完全结束时就开始了。通过向外翻脚，使脚尖朝外，对水面积增大，并使脚和小腿内侧

第十六章 游泳运动

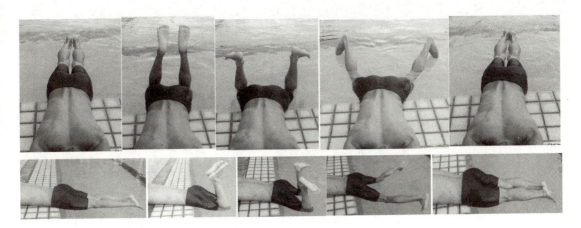

图 16-5 腿部动作

对准蹬水的方向；同时翻脚结束时，两脚之间的距离要大于两膝之间的距离。

### 3. 蹬夹腿

蹬水动作在翻脚即将完成时开始，利用最初向外、向后蹬夹水的动作，由腰腹和大腿同时发力，依次伸展髋关节，然后是膝关节，最后是踝关节，在向后蹬的同时向内夹水，直至两腿伸直并拢，完成弧状的鞭状蹬夹。蹬夹水是通过伸髋和伸膝，以小腿内侧和脚掌向后对准水来完成的。

蹬夹水时，刚开始动作应比较柔和，动作由慢到快，力量由小到大，到最后伸直小腿和脚掌的动作则要快速有力。蹬夹水时用力过猛无济于事，反而会破坏动作的连贯性，影响动作效果。

### 4. 滑行

蹬腿结束后，身体有一个向前的惯性，此时，两腿充分伸直并拢，腰、腹、臂、腿及踝部肌肉保持适度紧张，身体保持良好的流线型向前滑行。滑行一段时间后准备下一个腿部动作周期。滑行时间的长短与动作频率有着直接的关系。滑行过程中，要保持两腿较高的位置，若腿部下沉，将会增加向前的阻力，从而降低游泳速度。

## （三）手臂动作

蛙泳的臂部技术可以产生较大的推动力，臂部动作在划水过程中能够形成较大的对水面，使之与腿部和呼吸动作协调配合，能够有效地提高游泳的进度。

蛙泳的划水路线从下看像一个"倒心形"，两手从心的尖顶开始，匀速地划动一周回到尖顶。蛙泳手臂动作的一个周期可分为开始姿势、外划、下划、内收、前伸五个紧密相连的阶段，如图16-6所示。

### 1. 开始姿势

蹬腿结束时，两臂自然前伸，与水面平行，臂部肌肉适度紧张，掌心向下，手指自然并拢，身体充分伸展，保持良好的流线型，如图16-7所示。

### 2. 外划

外划也称抓水或抱水。从开始姿势起，两臂内旋，使两手掌心转向外斜下方，手腕略屈，两手对称地向外斜下方划水。抓水结束时，两臂分开到约成45°。外划不会产生推动

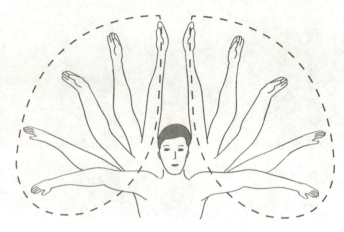

图 16-6　蛙泳的划水路线

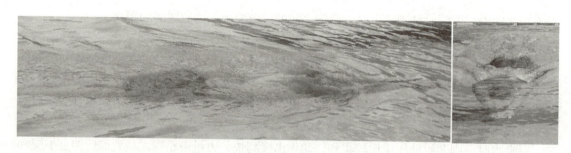

图 16-7　开始姿势

力,其目的为下划创造有利条件,使对水面积增加,身体上浮,如图 16-8 所示。

图 16-8　外划

### 3. 下划

下划是产生推动力的主要部分。下划开始时,前臂稍向外旋转,同时屈肘屈腕,使掌心转为朝后下方,保持高肘划水。当划至手和水平面成 90°时,手臂同时向内、向下和向后运动。当下划结束时,肘关节屈至 130°,手位于肩的前下方。在下划过程中肘关节要明显高于手和前臂,如图 16-9 所示。

### 4. 内收

随着下划的结束,手的运动方向应当是向内、向上和向后,两手的夹角约为 45°。在内划过程中手和前臂高于肘关节。肘关节也同时向下、向后、向内收至胸部侧下方,肘关节弯曲成锐角。肩肘关节应有意识地向内夹,两手内划需在两肘之间,以手带肘完成内划,这样可以将推进力保持较长时间,并且减小划臂过程中的阻力,如图 16-10 所示。

图 16-9　下划

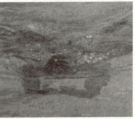

图 16-10　内收

### 5. 前伸

内划即将结束时双手向内、向上、向前划动,划至下颌时转为向上、向前划动,此时,掌心相对,而在即将结束时,掌心转为向下。与此同时迅速低头,将头夹于两臂之间。前伸动作是通过向前伸手、伸肘、伸肩直至伸直姿势。伸臂动作完成时,两臂伸直并拢充分伸肩,两手掌心向下形成较好的流线型,为下一个周期做好准备,如图 16-11 所示。

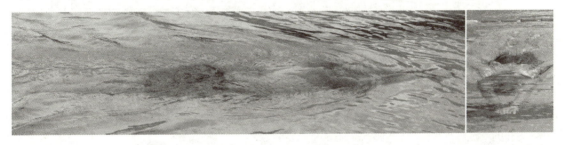

图 16-11　前伸

### (四) 呼吸

蛙泳呼吸采用抬头吸气。相对于抬头的早晚来说,吸气可分为早吸气和晚吸气。早吸气是指两臂外划时开始抬头吸气,手臂前伸时低头呼气,这种配合方式的吸气时间较长,易于掌握,初学者一般采用此方法。晚吸气是指在两臂内划时开始抬头吸气,手臂前伸时呼气,这种配合方式的吸气时间较短,有利于减小水的阻力,同时有利于更好地发挥手臂划水的力量,动作紧凑连贯。运动水平较高者一般采用晚吸气的配合方式,如图 16-12 所示。

图 16-12 早吸气和晚吸气

### （五）完整动作配合

蛙泳臂腿配合技术较为复杂，为了保持游进速度的均匀性，臂腿配合周期中每个阶段都要有推进力产生。配合不协调会直接影响臂腿的动作效果和游进速度。蛙泳的臂、腿、呼吸的配合一般采用1∶1∶1的配合方式，即两臂外划或内收时抬头吸气并收腿，两臂前伸时低头水中呼气，两臂前伸即将结束时蹬水。完整配合时应在充分发挥臂、腿力量的基础上，努力使动作协调、连贯、优美、有节奏，如图16-13所示。

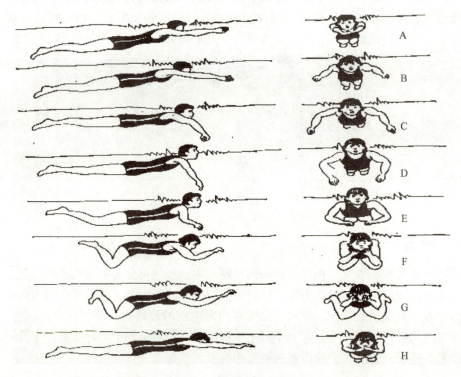

图 16-13 蛙泳完整动作配合

## 二、蛙泳教学

### （一）腿部动作练习方法

**1. 陆上模仿**

1）仰坐模仿练习

坐在地上，上体稍后仰，两臂在身体侧后方撑地，双腿伸直并拢，做蛙泳腿的收腿、翻脚、蹬夹、伸直并拢动作。可先做分解练习，待在大脑中形成概念后再做连贯完整的练习，如图 16-14 所示。

图 16-14　仰坐模仿练习

2）俯卧模仿练习

俯卧在凳子上或出发台上做蛙泳腿的模仿练习。先做分解动作练习，然后再过渡到完整动作练习，如图 16-15 所示。

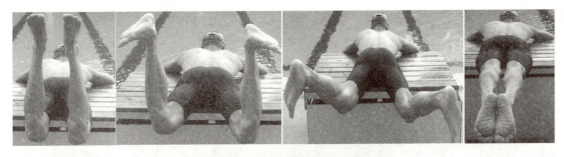

图 16-15　俯卧模仿练习

### 2. 水中练习

1）水中扶池边蹬腿练习

趴在水里，手扶池边或池槽，两腿放松伸直并拢，做蛙泳收腿、翻脚、蹬夹腿动作。先做分解动作练习，然后再过渡到完整动作练习，如图 16-16 所示。

图 16-16 水中扶池边蹬腿练习

2）双人蹬腿练习

一人手扶池边或池槽趴在水里，另一人站在水里抓住练习者的脚，帮助练习者体会和建立收腿、翻脚、蹬夹腿、并腿的概念，如图 16-17 所示。

图 16-17 双人蹬腿练习

3）扶板蹬腿练习

趴在水中，两臂保持放松前伸，两手扶在打水板的两侧，做蛙泳腿的动作向前游进，练习时要保持头一直趴在水里，如图 16-18 所示。

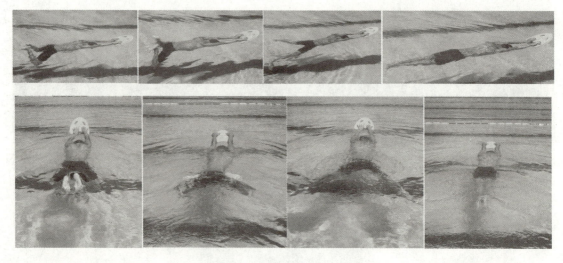

图 16-18 扶板蹬腿练习

4）滑行蹬腿练习

蹬边或蹬池底滑行后做蛙泳蹬腿练习。要求两腿蹬夹水后漂浮的时间要长一些，注意动作节奏，即慢收—快蹬—长滑行，如图 16-19 所示。

第十六章 游泳运动　205

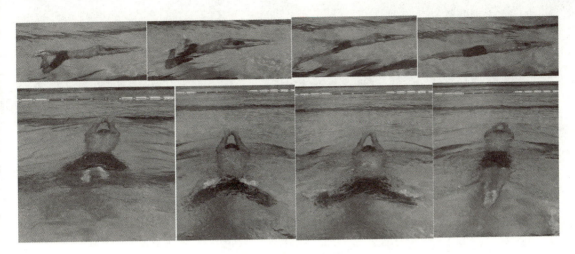

图 16-19　滑行蹬腿练习

## （二）手臂动作练习方法

### 1. 陆上模仿

两脚开立，上体前屈，两臂前伸并拢，做蛙泳手臂技术动作模仿练习。该动作练习分成四步：分手、划水、收手、伸臂滑行。先做分解练习，熟练后再做完整动作练习，如图 16-20 所示。

图 16-20　陆上模仿手臂动作练习

### 2. 水中练习

1）趴池边划手练习

头朝里趴在池边，做蛙泳手臂动作练习。分成四步：分手、划水、收手、伸臂滑行。先做分解练习，熟练后再做完整动作练习，如图 16-21 所示。

图 16-21　趴池边划手练习

2）水中划臂练习

站在齐腰深的水中，上身前倾趴在水里，做蛙泳手臂划水练习，如图 16-22 所示。

图 16-22　水中划臂练习

3）夹板划臂练习

用双腿夹住打水板，增大浮力，身体自然放松趴在水中做蛙泳手臂划水练习，如图 16-23 所示。

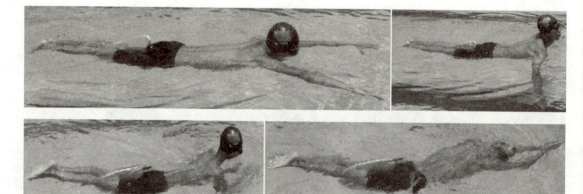

图 16-23　夹板划臂练习

### （三）手臂与呼吸配合练习方法

**1. 陆上模仿**

两脚开立，上体前屈，两臂前伸并拢，做蛙泳手臂技术动作模仿练习。该动作练习分成四步：分手、划水、收手、伸臂滑行。先做分解练习，熟练后再做完整动作练习。基本掌握手臂的动作后，即可配合早呼吸。开始划水时抬头吸气，伸臂时，低头闭气及呼气，如图 16-24 所示。

**2. 水中练习**

两脚开立站于齐胸深的水中，两臂按陆上练习要求做划水动作练习、俯卧滑行小划臂练习、由走动到俯卧滑行做臂与呼吸配合动作练习。单人练习如图 16-25 所示，双人练习如图 16-26 所示。

第十六章　游泳运动

图 16-24　陆上模仿手臂与呼吸配合练习

图 16-25　单人练习

图 16-26　双人练习

## （四）完整配合动作练习

### 1. 陆上模仿

原地站立，两臂上举并拢，手掌外翻，掌心侧外方45°，做两臂和蹬夹腿配合的蛙泳模仿动作。两臂向侧下分开，腿不动；两臂向内划至胸前；一腿屈膝上提做收腿和翻脚动作；两臂向上伸直；腿向下弧形蹬夹腿，还原成开始姿势，如图 16-27 所示。

图 16-27　陆上完整配合模仿练习

### 2. 水中练习

完整配合：在臂、腿连贯完整配合蛙泳动作的基础上，配合抬头吸气的动作，形成完整的配合动作。注意划手动作不能太快，抬头吸气动作不能太猛。先练臂腿配合两次、呼吸一次的动作，然后过渡到臂腿配合一次、呼吸一次的完整动作。接着在动作基本正确的基础上，逐渐增加游距。

## 第四节　游泳考试内容与评分标准

### 一、蛙泳长游能力测试（50%）

评分标准如表16-6所示。

表16-6　蛙泳长游评分标准 (m)

| 分值<br>性别 | 100 | 95 | 90 | 85 | 80 | 75 | 70 | 65 | 60 | 50 | 45 |
|---|---|---|---|---|---|---|---|---|---|---|---|
| 男生 | 800 | 750 | 700 | 650 | 600 | 550 | 500 | 450 | 400 | 300 | 200 |
| 女生 | 600 | 550 | 500 | 450 | 400 | 350 | 300 | 250 | 200 | 100 | 50 |

### 二、速度测试（50%）

50m蛙泳速度测试，按计时成绩评分。评分标准如表16-7所示。

表16-7　50m蛙泳评分标准 (s)

| 分值<br>性别 | 100 | 95 | 90 | 85 | 80 | 75 | 70 | 65 | 60 | 50 | 45 |
|---|---|---|---|---|---|---|---|---|---|---|---|
| 男生 | 46 | 48 | 50 | 52 | 54 | 56 | 58 | 60 | 65 | 75 | 85 |
| 女生 | 56 | 58 | 60 | 62 | 64 | 66 | 68 | 70 | 75 | 85 | 95 |

# 第十七章　健美操

## 第一节　健美操运动概述

健美操是我国体育运动的一个新兴项目。它起源于生活，起源于人类对于人体健康与美的追求。它是体操、舞蹈、音乐三者有机结合的产物。

健美操是在音乐伴奏下，以身体练习为基本手段，以有氧运动为基础，以达到增进健康、塑造形体和娱乐为目的的一项体育运动。

健美操起源于传统的有氧健身运动，是有氧运动的一种，通常采用徒手或轻器械进行练习。它是持续一定时间的、中低程度的全身性运动，主要影响练习者的心肺功能。在长期的实践过程中，健美操已从一项纯粹的健身运动逐步发展成为具有独立竞赛体系的体育运动项目，在运动形式、动作技术特征以及竞赛组织方法等方面有着自身的特点。

健美操传入我国是在20世纪80年代初。虽然健美操运动发展历史不长，但已深受高校大学生的喜爱，并且在高校和社会上普及开来。健美操不仅突出动作的"健"和"力"的特点，而且更强调"美"，将人体语言艺术和体育美学融为一体，成为极具观赏性的运动项目。在不断发展过程中，健美操已逐渐形成了一套科学的健身、训练和竞赛体系。

### 一、健美操的特点

#### （一）艺术性

健康与美是健美操的主要特性之一，是建立在人体活动基础上对健康、力量和美丽的追求，包含有很强的艺术性因素。健美操动作协调、流畅、有弹性，既注重外在美的锻炼，又强调内在美的塑造，练习者不仅锻炼了身体，而且从中获得了美的享受，提高了审美意识和艺术修养。健美操所表现出的健美的体魄、高超的技术、流畅的编排等，充分体现了健美的特性和艺术性。

#### （二）节奏性

健美操运动除了练习本身的功效性、动作的时代感外，还通过现代音乐给人们带来了活力，充分体现了其强烈的节奏性特点。健美操音乐的节奏强劲有力，有优美的旋律，可以烘托气氛，激发人们参与体育和生活的热情。健美操动作与音乐的强烈节奏性使健美操练习更具有感染力，其比赛和表演更具有观赏性。

### （三）力度性

健美操是以力度为基础，表现出力量、力度、弹力和活力的综合，是完成连续复杂和高难度的动作，靠人的身体语言来传递和表达内心信息的运动，可充分表现出人体健康的风采、美的神韵、力的坚韧，具有强烈的表现力、感染力和吸引力。健美操的展示需要连续的动作组合、柔韧性和力量，还需要有一定完美的高难度动作，需要练习者具备良好的身体素质、充沛的体能以及完成高难度动作的能力。

### （四）大众性

健美操以其生动活泼、轻松自如、随心所欲的运动形式深受大众欢迎，练习形式丰富多样，徒手或借助轻器械均可，节奏有快有慢，动作难易程度、运动量和运动强度因人而异，适合于不同层次的人群进行锻炼，且不受场地、环境、气候等条件的影响。通过健美操锻炼，练习者的呼吸系统、心血管系统及大脑中枢神经都能得到良好的锻炼，达到锻炼身体、娱乐身心、保持健康的目的，满足其身心需求。

## 二、健美操的锻炼价值

### （一）增强体质，增进身体健康

经常从事健美操锻炼，可以提高心血管系统、呼吸系统和消化系统机能；增强心肌收缩力，提高机体的供血、供氧能力；增强呼吸肌力量，加深呼吸深度，增大吸氧量，提高机体的有氧代谢能力；有效刺激肠胃蠕动，增强消化机能，有助于营养物质的吸收和利用，提高机体对疾病的抵抗能力。

### （二）改善体型，培养端庄体态

健美操强调身体的协调发展，养成健美的姿态，对身体比例的均衡产生积极的影响。健美操不仅能有效增加胸背肌肉的体积，燃烧身体多余的能量，消除腰腹部沉积的多余脂肪，塑造完美的体型，使身体变得更加丰满，线条更加优美，而且可以矫正不正确的身体姿势，造就端庄优雅的体态。

### （三）陶冶情操，调节心理活动

健美操是在音乐伴奏下进行的身体练习。在悠扬而节奏感强的音乐熏陶下，练习者抛却烦恼，心情愉悦，神清气爽，精神面貌和气质修养都得到改善和提高，身体得到全面调节。健美操既可以单独练习，也可以结伴活动，在群体活动中更会起到调适与他人的良好关系、增加与人的交往，提升社会交往能力，增进友谊，提高群体意识的作用。

### （四）发展素质，提高身体机能

健美操节奏感强，动作幅度大，追求美感和动作力度，经过长期锻炼可提高机体肌肉的力量、弹性和韧带的柔韧性，有效、全面地提高身体素质。同时，健美操动作的路线、方向、速度、类型、力度等不断变化，可以加强人对动作的记忆力和再现力，提高神经系统的灵活性和均衡性，全面发展人的协调性。

## 三、健美操的分类

世界健美操和我国健美操种类众多，分类方法也不尽相同。依据活动的目的和所要解决的主要任务健美操可分为健身健美操、竞技健美操、表演健美操三大类。

（1）健身健美操是以锻炼身体、增进健康为主要目的的健美操。

（2）竞技健美操是在健身健美操的基础上提高和发展起来的一项新兴的竞赛项目。

（3）表演健美操是以在表演过程中展示美的姿态、美的追求及人身价值为目的的健美操。

## 第二节 健美操的基本动作

健美操的基本动作是健美操的核心，是各种动作产生和发展的基础，在编排动作时可以在基本动作的基础上进行变化，从而形成一个相对复杂的动作组合。基本动作内容主要包括下肢动作、上肢动作和躯干动作。这里只介绍传统有氧健美操的基本动作和技术。

## 一、下肢动作

健美操的下肢动作以基本步法为主，它是进行健美操练习的主要手段。所有步伐可按冲击力分为三种：无冲击力动作（指两脚始终接触地面，身体重心在两脚之间，没有腾空的动作）、低冲击力动作（指有一脚始终接触地面的动作）、高冲击力动作（指腾空阶段，对身体有一定的冲击力的动作）。许多低冲击力动作同时也可以做成高冲击力动作。根据动作完成形式的不同，可将基本步伐分成五大类：交替类、迈步类、点地类、抬腿类和双腿类。

### （一）交替类

交替类动作两脚依次抬起，交替落地，在下落时膝、踝关节有弹性地缓冲。

**1. 踏步**

2 拍节，两腿原地依次抬起，依次落地。技术要点：下落时，踝、膝、髋关节依次有弹性地缓冲，如图 17-1 所示。

**2. 走步**

4 拍节，迈步向前走时，脚跟先落地，过渡到全脚掌，向后走时则相反。技术要点：落地时，踝、膝关节有弹性地缓冲，如图 17-2 所示。

图 17-1 踏步　　　　　图 17-2 走步

### 3. 跑步

2 拍节，两脚经过腾空，依次落地缓冲，两臂屈肘摆动。技术要点：落地屈膝缓冲，脚跟有落地过程，如图 17-3 所示。

### 4. 一字步

4 拍节，一脚向前一步，另一脚并于前脚，然后依次还原。技术要点：向前迈步时，先脚跟着地，过渡到全脚掌；前后均要有并腿过程；每一拍节动作膝关节始终有弹性地缓冲，如图 17-4 所示。

图 17-3 跑步　　　　　图 17-4 一字步

### 5. V 字步

4 拍节，右脚向右前方迈一步，左脚随之向左前方迈一步，起点与两脚成"V"字形，然后依次退回原位。技术要点：迈步时，先脚跟着地，注意屈膝缓冲，重心在两脚之间，如图 17-5 所示。

### 6. 漫步

2 拍节，一脚向前迈出，屈膝，重心随之前移，另一脚稍抬起，然后原地落下；或向后撤一步，重心后移，另一脚稍抬起，然后原地落下。技术要点：两脚始终保持交替落地，重心随动作前后移动，但始终在两脚之间，如图 17-6 所示。

图 17-5　V 字步

图 17-6　漫步

## （二）迈步类

迈步类动作是指一脚先迈出一步，移重心到该腿，另一脚用脚跟、脚尖点地或做并步，或做吸腿、屈腿、踢腿等动作。

### 1. 并步

2 拍节，一脚迈出，另一脚随之并拢，屈膝点地。技术要点：迈出脚落地时注意屈膝缓冲，两膝始终保持弹动，动作幅度和力度可随风格而定，如图 17-7 所示。

### 2. 迈步点地

2 拍节，一脚向侧迈一步，两脚经屈膝移重心，另一脚在前、侧或后用脚尖或脚跟点地。技术要点：两膝同时有弹性地屈伸，重心移动轨迹呈弧形，上体不要扭转，如图 17-8 所示。

图 17-7　并步　　　　　　　　　　图 17-8　迈步点地

### 3. 迈步吸腿

2拍节，一脚迈出一步，另一腿屈膝抬起。技术要点：迈出脚落地时注意屈膝缓冲，抬膝时支撑腿稍屈膝，如图17-9所示。

### 4. 迈步后屈腿

2拍节，一脚迈出一步，另一腿后屈。技术要点：迈出脚落地时注意屈膝缓冲和移重心，支撑腿稍屈膝，后屈腿的脚跟靠近臀部，如图17-10所示。

图17-9 迈步吸腿

图17-10 迈步后屈腿

### 5. 侧交叉步

4拍节，右（左）脚向侧迈一步，左（右）脚在其后交叉，右（左）再向侧迈一步，左（右）脚并拢，屈膝点地。技术要点：第一步脚跟先落地，身体重心快速随着脚步移动，保持膝、踝关节的弹动，如图17-11所示。

图17-11 侧交叉步

## （三）点地类

点地类动作是一腿屈膝站立，另一腿伸出，用脚尖或脚跟做点地动作，然后还原到并腿姿势。

### 1. 脚尖点地

2拍节，一腿稍屈膝站立，另一腿伸出，脚尖点地，然后还原到并腿姿势。可做向侧、向前和向后的脚尖点地。技术要点：支撑腿随动作有弹性地屈伸，如图17-12所示。

## 2. 脚跟点地

2 拍节，一腿稍屈膝站立，另一腿伸出，脚跟点地，然后还原到并腿姿势。只可做向前和向侧的脚跟点地。技术要点：支撑腿随动作有弹性地屈伸，如图 17-13 所示。

### （四）抬腿类

抬腿类动作是指一腿站立，另一腿抬起的动作。

图 17-12　脚尖点地

图 17-13　脚跟点地

## 1. 吸腿

2 拍节，一腿屈膝抬起，落下还原。技术要点：支撑腿保持屈膝弹动，大腿上抬超过水平，上体保持正直，如图 17-14 所示。

## 2. 踢腿

2 拍节，一腿稍屈膝站立，另一腿上踢，然后还原。技术要点：踢起腿伸直，控制住，保持上体正直，如图 17-15 所示。

图 17-14　吸腿

图 17-15　踢腿

## 3. 摆腿

2 拍节，一腿稍屈膝站立，另一腿做摆动。技术要点：摆起腿伸直，控制住，如图 17-16 所示。

## 4. 弹踢腿（跳）

2 拍节，一腿站立（跳起），另一腿先向后屈，再向前下方弹踢，还原。技术要点：腿弹出时要有控制，保持上体正直，如图 17-17 所示。

### 5. 后屈腿（跳）

一腿站立，另一腿向后屈，还原。后屈腿跳时，两条腿做交替后屈，不还原。技术要点：两膝并拢，脚跟靠近臀部，如图 17-18 所示。

图 17-16 摆腿

图 17-17 弹踢腿（跳）

图 17-18 后屈腿（跳）

## （五）双腿类

双腿类动作是指双腿站立，身体重心在两脚之间的动作。

### 1. 半蹲

2 拍节，两腿有控制地屈伸，可分为并腿半蹲和分腿半蹲。技术要点：分腿半蹲时，两腿左右分开稍大于肩，脚尖稍外开，膝关节角度不小于 90°，方向与脚尖方向一致，臀部向后下方 45°，上体保持直立，如图 17-19 所示。

### 2. 并腿跳

1 拍节，两腿并拢跳起。技术要点：落地缓冲有控制，如图 17-20 所示。

图 17-19 半蹲

### 3. 分腿跳

1 拍节，分腿站立屈膝半蹲，向上跳起，分腿落地屈膝缓冲。技术要点：屈膝半蹲时，大、小腿夹角不小于 90°，如图 17-21 所示。

图 17-20 并腿跳

图 17-21 分腿跳

**4. 开合跳**

4 拍节，由并腿跳起，分腿落地，再由分腿跳起，并腿落地。技术要点：膝关节沿脚尖方向屈，夹角不小于 90°，脚跟有落地过程，如图 17-22 所示。

**5. 弓步跳**

2 拍节，由并腿跳起，落地成弓步，还原。技术要点：收腹挺腰，重心在两脚之间，如图 17-23 所示。

图 17-22 开合跳

图 17-23 弓步跳

## 二、上肢动作

（一）上肢动作主要包括上肢的各种动作和手型。上肢的动作主要有臂的各个方向的举、屈伸、摆动、绕和绕环、交叉、屈臂的摆动、上提、下拉、胸前推、肩上推及冲拳等动作。常用的动作主要有如下 4 种。

**1. 屈臂摆动**

屈肘前后拍动，同时或依次。肩部放松。

**2. 屈臂提拉**

臂由下举，经体前平屈提至胸前平屈，还原。

**3. 屈臂胸前推**

立掌，屈臂由肩部向前推。

**4. 冲拳**

屈臂握拳，由腰间冲至某位置。

（二）手型是手臂动作的延伸和表现，运用得好，会使健美操动作舒展，使动作更加丰富，更具有感染力。健美操中的手型主要有如下 2 种。

**1. 掌型**

五指伸直并拢或五指伸直张开，主要有并掌、立掌、五指、开掌、花掌等。

**2. 拳型**

握拳，拇指在外，大拇指贴于食指和中指的第二指节处。

## 三、躯干动作

躯干动作主要有胸背部的含胸、展胸、俯卧撑以及提肩和沉肩等；腰腹部的仰卧起坐有站立侧屈、站立转体和俯卧两头起等。

## 第三节　健美操的基本套路

以下介绍的《全国健美操大众锻炼标准》第三套大众操一级、二级动作强度适中，具有很好的锻炼价值，可作为学校健身课使用。

### 一、《全国健美操大众锻炼标准》第三套大众操一级规定套路

#### （一）组合一

**1. 第一个八拍**

下肢动作要领：一字步，先出右脚。

上肢动作要领：第1～2拍双臂胸前屈，第3～4拍双臂后摆，第5拍双臂胸前屈，第6拍双臂上举，第7拍双臂胸前屈，第8拍双臂放于体侧（图17－24）。

图17－24　组合一第一个八拍

**2. 第二个八拍**

下肢动作要领：第1～4拍右脚开始三步向前走＋吸腿，第5～8拍同第1～4拍。

上肢动作要领：第1～2拍双臂冲拳下滑至体侧，第3拍同第1拍，第4拍吸腿时击掌，第5～8拍同第1～4拍（图17－25）。

第十七章 健美操

图 17 – 25 组合一第二个八拍

### 3. 第三个八拍

下肢动作要领：第 1~8 拍侧并步 4 次（单单双）。

上肢动作要领：第 1 拍右臂肩侧屈，第 2 拍还原，第 3 拍左臂肩侧屈，第 4 拍还原，第 5 拍双臂胸前平屈，第 6 拍还原，第 7~8 拍同第 5~6 拍（图 17 – 26）。

图 17 – 26 组合一第三个八拍

### 4. 第四个八拍

下肢动作要领：第 1~4 拍左脚十字步，第 5~8 拍踏步 4 次。

上肢动作要领：第 1~4 拍双臂自然摆动，第 5 拍击掌，第 6 拍还原，第 7~8 拍同第 5~6 拍（图 17 – 27）。

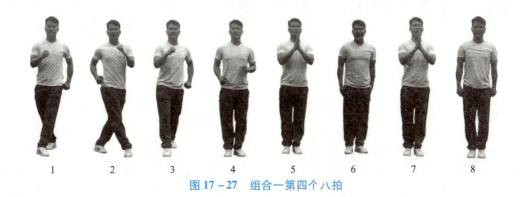
图 17 – 27 组合一第四个八拍

第五至八个八拍，与前四个八拍动作相同，但方向相反。

## （二）组合二

### 1. 第一个八拍

下肢动作要领：第1~8拍右脚开始前点地4次。

上肢动作要领：第1拍双臂屈臂右摆，第2拍还原，第3拍双臂屈臂左摆，第4拍还原，第5拍右摆成右臂侧斜上举，左臂胸前平屈，第6拍还原，第7~8拍同第5~6拍，但方向相反（图17-28）。

图17-28　组合二第一个八拍

### 2. 第二个八拍

下肢动作要领：第1~4拍向右弧形走270°，第5~8拍并腿半蹲2次。

上肢动作要领：第1~4拍自然摆动，第5拍双臂前举，第6拍右臂胸前平屈（上体右转），第7拍双臂前举，第8拍双臂放于体侧（图17-29）。

图17-29　组合二第二个八拍

### 3. 第三个八拍

下肢动作要领：第1~8拍左脚开始两次上步吸腿+转体90°。

上肢动作要领：第1拍双臂前举，第2拍屈臂后拉，第3拍双臂前举，第4拍还原，第5~8拍同第1~4拍（图17-30）。

第十七章 健美操

图 17-30 组合二第三个八拍

**4. 第四个八拍**

下肢动作要领：第 1~8 拍左右腿迈步后屈腿 4 次。

上肢动作要领：第 1~4 拍自然摆动，向前时胸前交叉，第 5~8 拍，动作相同，但方向相反（图 17-31）。

图 17-31 组合二第四个八拍

## （三）组合三

**1. 第一个八拍**

下肢动作要领：第 1~8 拍向右交叉步＋迈右腿半蹲。

上肢动作要领：第 1~3 拍双臂经侧至上举，第 4 拍双臂胸前平屈，第 5~6 拍双臂前举，第 7~8 拍放于体侧（图 17-32）。

图 17-32 组合三第一个八拍

## 2. 第二个八拍

下肢动作要领：第1～8拍侧点地4次（单单双）。

上肢动作要领：第1拍右臂左前举、左臂屈肘于腰间，第2拍双臂屈肘于腰间，第3～4拍同第1～2拍，但方向相反。第5～8拍同第1～2拍，重复2次（图17－33）。

图17－33　组合三第二个八拍

## 3. 第三至四个八拍

下肢动作要领：第1～8拍左腿开始向前走3步＋吸腿3次，第二个1～8拍右腿开始向后走3步＋吸腿3次。

上肢动作要领：第1拍双臂肩侧屈，第2拍胸前交叉，第3拍同第1拍，第4拍击掌，第5拍肩侧屈，第6拍腿下击掌，第7～8拍同第1～2拍（图17－34）。

图17－34　组合三第三、四个八拍

第五至八个八拍，与前四个八拍动作相同，但方向相反。

## （四）组合四

### 1. 第一个八拍

下肢动作要领：第1～8拍右腿开始V字步＋A字步。

上肢动作要领：第1拍右臂侧斜上举，第2拍双臂侧斜上举，第3～4拍击掌2次，第5拍右臂侧斜下举，第6拍双臂侧斜下举，第7～8拍击掌2次（图17－35）。

### 2. 第二个八拍

下肢动作要领：第1～8拍弹踢腿跳4次（单单双）。

上肢动作要领：第1拍双臂前举，第2拍下摆，第3～4拍同第1～2拍，第5拍前举，第6拍胸前平屈，第7～8拍同第1～2拍（图17－36）。

图 17-35 组合四第一个八拍

图 17-36 组合四第二个八拍

### 3. 第三个八拍

下肢动作要领：第 1~8 拍左腿漫步 2 次。

上肢动作要领：第 1~8 拍自然摆动（图 17-37）。

图 17-37 组合四第三个八拍

### 4. 第四个八拍

下肢动作要领：第 1~8 拍迈步后点地 4 次。

上肢动作要领：第 1 拍右臂胸前平屈，第 2 拍右臂左下举，第 3~4 拍同第 1~2 拍但方向相反。第 5 拍右臂侧斜上举，第 6 拍右臂左下举，第 7~8 拍同第 5~6 拍但方向相反（图 17-38）。

第五至八个八拍，与前四个八拍动作相同，但方向相反。

图 17-38　组合四第四个八拍

## 二、《全国健美操大众锻炼标准》第三套大众操二级规定套路

### （一）组合一

**1. 第一个八拍**

下肢动作要领：第 1~4 拍右脚十字，第 5~8 拍右脚向后走 4 步。

上肢动作要领：第 1 拍右臂侧举，第 2 拍左臂侧举，第 3 拍双臂上举，第 4 拍下举，第 5~8 拍自然摆动（图 17-39）。

图 17-39　组合一第一、二个八拍

**2. 第二个八拍**

动作要领：动作同第一个八拍，但方向相反。

**3. 第三个八拍**

下肢动作要领：第 1~6 拍右脚开始 6 拍漫步，第 7~8 拍右脚向后 1/2 后漫步。

上肢动作要领：第 1~2 拍右手前举，第 3 拍双手叉腰，第 4~5 拍左手前举，第 6 拍双手胸前交叉，第 7~8 拍双臂侧后下举（图 17-40）。

**4. 第四个八拍**

下肢动作要领：第 1~2 拍右脚向右并步跳恰恰步，第 3~8 拍左脚向右前方做前、侧、后漫步。

第十七章 健美操

图 17-40 组合一第三个八拍

上肢动作要领：第 1~2 拍屈左臂自然摆动，第 3~4 拍前平举弹动 2 次，第 5~6 拍侧平举，第 7~8 拍后斜下举（图 17-41）。

图 17-41 组合一第四个八拍

第五至八个八拍，与前四个八拍动作相同，但方向相反。

### （二）组合二

**1. 第一个八拍**

下肢动作要领：第 1~2 拍右脚向右侧滑步，第 3~4 拍 1/2 后漫步，第 5~6 拍左脚开始向左前方做侧并步，第 7~8 拍右脚开始向右后方做并步。

上肢动作要领：第 1~4 拍右臂侧上举，左臂侧平举，第 5~6 拍击掌 3 次，第 7~8 拍双手叉腰（图 17-42）。

图 17-42 组合二第一个八拍

## 2. 第二个八拍

下肢动作要领：第1~2拍左脚开始向左后方做侧并步，第3~4拍右脚开始向右前方做并步，第5~6拍左脚向左侧滑步，第7~8拍1/2后漫步。

上肢动作要领：第1~2拍击掌3次，第3~4拍双手叉腰，第5~6拍左臂侧上举，右臂侧平举，第7~8拍双臂收于体侧（图17-43）。

图17-43 组合二第二个八拍

## 3. 第三个八拍

下肢动作要领：第1~4拍躯体右转90°，右脚上步吸腿2次，第5~8拍左脚V字步左转90° V字步。

上肢动作要领：第1~4拍双臂向前冲拳、向后下冲拳2次，第5~8拍双臂由右向左水平摆动（图17-44）。

图17-44 组合二第三个八拍

## 4. 第四个八拍

下肢动作要领：第1~4拍左腿吸腿（侧点地）2次，第5~8拍同第1~4拍，但方向相反。

上肢动作要领：第1拍双臂胸前平屈，第2拍左臂上举，第3拍同第1拍，第4拍还原，第5~8拍同第1~4拍，但方向相反（图17-45）。

第五至八个八拍，与前四个八拍动作相同，但方向相反。

## （三）组合三

### 1. 第一个八拍

下肢动作要领：第1~4拍右脚侧并步跳，第5~8拍左脚右转90°侧交叉步。

上肢动作要领：第1~4拍双臂上举、下拉，第5~7拍双臂屈臂自然摆动，第8拍双臂

图 17-45　组合二第四个八拍

侧下举，上体向左扭转 90°，面朝正前方（图 17-46）。

图 17-46　组合三第一个八拍

### 2. 第二个八拍

下肢动作要领：第 1~3 拍向右侧并步跳，第 4 拍时左转 90°，第 5~8 拍左转 90°，左脚开始侧并步 2 次。

上肢动作要领：第 1~4 拍双臂上举、下拉，第 5~6 拍右臂前下举、还原，第 7~8 拍左臂前下举、还原（图 17-47）。

图 17-47　组合三第二个八拍

### 3. 第三个八拍

下肢动作要领：第 1~4 拍左脚开始向前一字步，第 5~8 拍左、右依次分并腿 2 次。

上肢动作要领：第 1 拍双臂肩侧屈，第 2 拍双臂下举，第 3~4 拍双臂胸前屈，第 5~6 拍双臂上举，掌心朝前，第 7~8 拍双手放膝上（图 17-48）。

图 17－48　组合三第三个八拍

**4. 第四个八拍**

下肢动作要领：第 1~4 拍向后一字步，第 5~8 拍依次分并腿 2 次。

上肢动作要领：第 1~2 拍双手侧下举，第 3~4 拍胸前交叉，第 5~8 拍双臂经胸前交叉，1 次侧上举，1 次侧下举（图 17－49）。

图 17－49　组合三第四个八拍

第五至八个八拍，与前四个八拍动作相同，但方向相反。

### （四）组合四

**1. 第一个八拍**

下肢动作要领：第 1~4 拍右脚开始小马跳 4 次，向侧向前呈梯形。

上肢动作要领：第 1~2 拍右臂体侧向内绕环，第 3~4 拍换左臂，第 5~8 拍同第 1~4 拍（图 17－50）。

图 17－50　组合四第一个八拍

## 2. 第二个八拍

下肢动作要领：第1~4拍右脚向右后弧形跑四步，右转270°，下肢步伐开合跳1次。

上肢动作要领：第1~4拍屈臂自然摆动，第5~6拍双手放腿上，第7~8拍胸前击掌（图17-51）。

图17-51 组合四第二个八拍

## 3. 第三个八拍

下肢动作要领：第1~4拍右脚向右前上步，左腿后屈，第5~8拍下肢右转90°，左脚向前上步，右腿后屈。

上肢动作要领：第1拍双臂胸前交叉，第2拍右臂侧举、左臂上举，第3拍同第1拍，第4拍双手置于体侧；第5~8拍动作同第1~4拍，但方向相反（图17-52）。

图17-52 组合四第三个八拍

## 4. 第四个八拍

下肢动作要领：第1~4拍右、左侧点地各一次，第5~8拍右脚上步向前转脚跟，转髋，还原。

上肢动作要领：第1拍右手左前下举，第2拍双手置于体侧，第3~4拍动作相同，但方向相反。第5拍双臂胸前平屈，第6拍前推，第7拍同第5拍，第8拍放于体侧（图17-53）。

图17-53 组合四第四个八拍

第五至八个八拍，与前四个八拍动作相同，但方向相反。

微课

规定套路一口令

规定套路一

规定套路二口令

规定套路二

五类基本步伐一、二类

五类基本步伐三、四、五类

## 第四节　健美操考试内容与评分标准

### 一、平时成绩（30分）

平时成绩含课堂表现、考勤等。

### 二、基本技术（50分）

任选所学健美操组合一套。

#### （一）考核方法

规定动作考试，3~4人一组进行，在音乐的伴奏下完成成套动作，教师进行技评（可请学生或别的班的老师参加）。

#### （二）考核标准

30分以下：不能独立完成全套动作。

30~35分：全套动作基本熟练，动作一般，力度一般，动作与音乐偶有不协调现象。

35~40分：全套动作熟练，动作正确，力度中等，动作与音乐配合良好。

40~45分：全套动作熟练，动作正确，姿势好，有一定的力度和幅度，动作与音乐配合良好，有一定健美操表现力。

45~50 分以上：全套动作熟练，动作正确，姿势优美，力度和幅度大，动作与音乐配合准确，有较强的健美操表现力和感染力。

## 三、身体素质（20 分）

身体素质评分标准如表 17-1 所示。

表 17-1 身体素质评分标准

| 项目 | 性别 | 60 分 | 70 分 | 80 分 | 90 分 | 100 分 |
| --- | --- | --- | --- | --- | --- | --- |
| 1 000m | 男 | 4′33 | 4′13 | 3′48 | 3′39 | 3′27 |
| 800m | 女 | 4′23 | 4′09 | 3′49 | 3′38 | 3′24 |
| 3min 跳绳 | 男、女 | 280 | 310 | 340 | 370 | 390 |
| 引体向上 | 男 | 10 | 13 | 16 | 18 | 20 |
| 坐位体前屈 | 男 | 3.0 | 10.0 | 15.5 | 19.8 | 23.0 |
|  | 女 | 1.7 | 10.0 | 15.0 | 18.5 | 21.0 |
| 1min 跳绳 | 男、女 | 90 | 110 | 130 | 150 | 170 |
| 1min 仰卧起坐 | 女 | 28 | 36 | 41 | 45 | 52 |

（1）一般身体素质（10 分）：1 000m（男）/800m（女），3min 跳绳和引体向上（男）任选一项。

方法：3min 跳绳即个人在 3min 内，累计有效跳绳次数。其余项目执行《国家学生体质健康标准》操作方法。

（2）专项身体素质（10 分）：坐位体前屈、1min 跳绳、1min 仰卧起坐（女）、任选其中一项。

方法：同上。

# 第十八章　瑜伽运动

## 第一节　瑜伽运动概述

### 一、瑜伽的起源

"瑜伽"一词来自梵文"YUJ",之后又被翻译成"YOGA",意为自我和原始动因的结合,是心灵、肉体、精神结合到最和谐的状态。它包含着"维持均衡就是生命和自然的本源,在生活中追求均衡就会感到幸福"的道理,这也正是瑜伽的精神所在。

现今学者普遍认为,瑜伽起源于五千多年印度北部的喜马拉雅山麓地带。古印度人在大自然中修炼身心时,无意中发现各种动物与植物的生命力非常顽强,自愈及自治能力也非常强。它们天生具有治疗、放松、睡眠和保持清醒的方法,患病时能不经任何治疗而自然痊愈。于是,古印度瑜伽修行者根据对动物和植物姿势的观察、模仿并亲自体验,创立出了一系列有益身心的锻炼系统,也就是瑜伽体位法。

今天,盛行在全世界的健身瑜伽是在19世纪90年代的芝加哥世界博览会上,由一位名叫卫维卡南达的印度教圣人传入西方的。他在博览会上展示的各种瑜伽姿势引起了社会各方面的兴趣,这为后来众多走访西方的瑜伽修行者和印度教哲人奠定了基础。

### 二、瑜伽练习注意事项

#### (一)瑜伽练习前的准备

(1)练习场所要保持安静、温度适宜、通风良好,在地上铺一块垫子或毯子,以免受到损伤。

(2)穿着宽松的、天然面料的服装,尽量穿健身瑜伽专用服。当天温度如果允许,夏天最好赤足,冬季可穿软底布鞋或瑜伽袜。

(3)摘掉首饰、手表。

(4)瑜伽练习最好是在空腹状态下。所以,练习瑜伽的最佳时间是清晨起床后或晚间就寝前、饭后3~4小时或饮用流体后半个小时左右(部分体位另有规定的除外),高校体育课瑜伽练习前不宜有饱腹感,练习前尽量解完大、小便。

（5）患有某些疾病的人（如高血压、脊柱畸形等），应先征询医生的意见，经医生同意后方可进行练习。

### （二）瑜伽练习中的原则

（1）进行瑜伽练习前要做好充分热身，避免运动损伤。

（2）瑜伽体位没有标准动作，更没有"到位"一说，适合自己身体的姿势才是最健康的。在做各种瑜伽体位练习时，动作应缓慢而步骤分明，心随身动。体位练习做到自己的极限边缘，温和地伸展身体即可，千万不要用力推拉牵扯，随意加快、加大动作。

（3）要保持呼吸节奏和体位动作协调一致，遵循"开为吸、合为呼；上为吸、下为呼；始为吸、终为呼"的原则。

（4）要善于主动放松休息，在练习过程中出现体力不支，或身体发生强烈震颤，或感到痛苦时要停止练习，切忌硬撑坚持。

（5）要用心体会每个体位姿势对身体不同部位的刺激和自我体内产生的感觉。

（6）一般来说，瑜伽每天都可以练习，生理期也可以适当练习，但是要避免倒立动作，以及以腰腹部力量为主的练习。

### （三）瑜伽练习后的注意事项

（1）练习后要注意保暖，不要马上淋浴。
（2）练习后如有任何不良感受或情绪应及时和老师沟通。

## 第二节　瑜伽呼吸

瑜伽的呼吸方法大概有10多种，基本的、较为简单的、容易为初学者所掌握的有"胸式呼吸""腹式呼吸""完全式呼吸"等；还有稍复杂些的，也是程度较高的瑜伽研习者所常用的，如"鸣声呼吸""语音呼吸""风箱式呼吸"等。

下面简单介绍一下常用的几种瑜伽呼吸法。

### 一、胸式呼吸

胸式呼吸是指气息的吸入局限在胸的区域，气息较浅，适宜做针对性较强的动作，如上背部和胸部动作。

胸式呼吸练习时，要选个舒服的姿势，仰卧或伸直背坐着，双手放在胸部两侧靠肋骨处，呼吸时，意识集中于肺部。缓慢吸气，把空气直接吸入胸部区域，感觉自己的肋骨向外、向上扩张，气息充满胸腔，腹部应保持平坦。当吸气越深时，腹部向内脊柱方向收入。接着缓慢呼气，放松胸腔，感觉肋骨向下并向内收。

### 二、腹式呼吸

腹式呼吸是指气息的吸入局限于腹部的区域，气息较深，横膈肌下降得较为充分。

腹式呼吸练习时，须仰卧，手轻轻放在肚脐上，更多关注腹部；缓慢吸气，把空气直吸向腹部，感觉腹部被气息充分膨胀，向前推出，胸腔保持不动。吸气越深，腹部升起就越高，横膈膜就越下降。接着缓慢呼气，腹部向内朝脊柱方向收，凭着尽量收缩腹部的动作，把所有的废气从肺部全部呼出来，这样做时，横膈膜就自然而然地升起，感觉腹部慢慢向内瘪进。

### 三、完全呼吸（胸腹式呼吸）

完全呼吸是瑜伽练习中最常用的呼吸方法，是胸式呼吸和腹式呼吸的结合。

完全呼吸练习时，可以选择站立或仰卧，也可挺直背坐着。缓慢吸气，先填满肺的底部，这时由于横膈肌下降，腹部会鼓起，肋骨开始向外扩张；继续吸气，填满肺的中部，然后上部，感觉胸腔完全扩张，胸部上提；吸满气后，缓慢呼气，先放松胸腔，将胸部的气体呼出，感觉肺的上部，然后中部、下部依次放松，最后温和地收紧腹部，感觉肚脐去贴后背，直到气体完全呼尽为止。

## 第三节　瑜伽练习的基本姿势

### 一、瑜伽基本坐姿

瑜伽基本坐姿有简易坐、半莲花坐、全莲花坐、至善坐、金刚坐、英雄坐、狮子坐、吉祥坐、成就坐、散盘坐等10种。下面介绍最常用到的几种，如图18-1所示。

简易坐　　　半莲花坐　　　全莲花坐　　　至善坐　　　金刚坐

图18-1　瑜伽基本坐姿

### （一）简易坐

简易坐是一种舒适安全的坐姿，适合瑜伽初学者。

坐在地上，双腿伸直；弯曲右小腿，把右小腿放在左大腿下；弯曲左小腿，把左小腿放在右小腿下；双手自然放在双膝上，掌心向下，头、颈、躯干保持在一条直线上。

提示：头、颈、躯干要保持在一条直线上。

功效：有利于膝盖、脚踝等关节的健康。它能增强两髋、两膝、两踝的灵活性，补养和加强腿部神经系统，减轻风湿和关节炎。

### （二）半莲花坐

半莲花坐是瑜伽中最好的坐姿，是从简易坐向全莲花坐的过渡形式，适用于柔韧性还不够好的人。从瑜伽的角度来看，这个坐姿适宜呼吸、调息练习和冥想。

坐在垫子上，双腿并拢，挺直腰背，先向前伸直双腿，屈右膝，右髋外旋，让右脚的脚跟抵放在会阴处；屈左膝，借助双手的帮助，尽量让左脚脚跟抵在脐下，脚心向上，放在右大腿上；尽量使双膝贴放在地面上，肩背正直，下颌内收，两手相叠，双手胸前合十。

提示：脊背挺直，下颌内收，使头、颈、躯干保持在一条直线上。

功效：能放松脚踝、双膝和双腿肌肉，锻炼膝关节，防止老年脱臼、关节炎和风湿痛。

### （三）全莲花坐

全莲花坐是瑜伽中最重要和最有用的体位法之一，是最佳冥想坐姿。莲花在梵文中象征着纯粹的美。这个姿势极为适宜做呼吸、调息练习和冥想。

坐在垫子上，两腿向前伸直，弯曲右小腿，把右腿放在左大腿上，脚底朝上；弯曲左小腿，把左腿放在右大腿上，脚底朝上；肩背正直，下颌内收，两手相叠，双手胸前合十。

提示：练习全莲花坐，切忌膝盖上浮。

功效：增加对头部和胸部区域的血液供应，强化神经系统，祛除紧张和不安状态，使人身心平和、精神专注。此外，还能调整骨盆位置，防止内脏器官下垂，美化腿部线条，使双腿更加灵活、柔韧。

### （四）至善坐

至善坐被认为是瑜伽中重要的坐姿之一。瑜伽认为人身上有 72 000 条经络，我们的生命之气就在这些经络里流通，而至善坐有助于清理这些经络，使之畅通无阻。至善坐特别适合在呼吸练习和冥想练习时采用。

双腿并拢伸直，保持背部挺直；弯曲右小腿，双手抓住右脚，将右脚脚跟置于会阴处，右脚掌紧靠左大腿；弯曲左小腿，把左脚脚跟放在右脚脚踝上，左脚脚跟靠近耻骨，左脚脚掌放在右腿的大腿和小腿之间；双肩放松，双手放在双膝上，掌心向下。

提示：整个过程中，背、颈、头保持直立。

练习功效：促进下半身的血液循环，增强脊椎的下半段和腹部器官；活化两膝和两踝，防止和消除两膝和两踝的僵硬、强直等；能镇定安神和令人警醒。

### （五）金刚坐

金刚坐，又称"正跪坐式""钻石坐""霹雳坐"，是练习者要掌握的另一个重要姿势，也是唯一一个可以饭后练习的坐姿。

双膝并拢跪地，小腿和脚背贴在地面上；双脚大拇指相互交叉，脚跟向外；臀部后坐在双脚内侧；放松肩部，收紧下巴，挺直腰背；双手平放在大腿上。

提示：肩部放松，挺直脊背，这样可以减轻腿部的压力，防止腿部发麻。

功效：如果其他坐姿坐久了感到腿麻痛难忍，即可换成跪坐，可以缓解疼痛。此外，这个坐姿还能帮助肠胃系统及消化系统顺畅排气，强健脊椎周围核心肌群。

## 二、瑜伽基本手印

瑜伽手印，是指瑜伽修炼时手的姿势，又称为印契，象征特殊的愿力与因缘，因此瑜伽修行者练习手印时，会产生特殊的身体力量和意念力量。

手指的象征：瑜伽练习时每一个手指都有重要的象征意义，手的各个部位表现身体、大脑和心灵的状态。食指和拇指的位置象征瑜伽的终极目的，是个体心灵与宇宙本体的结合。

拇指代表无处不在的至高神意（自我意识）；食指代表个体的心灵（智慧智能）；中指代表纯洁、智慧和平等（挑战压力）；无名指代表活力、运动、激情等（生命力）；小指代表惰性、懒散、黑暗等（交流联系和沟通），如图18-2所示。

图 18-2　瑜伽基本手印

### （一）智慧手印

手掌向上，大拇指与食指相加，其他三指自然伸展。此手印代表把小宇宙的能量和大宇宙的能量融合在一起，即人与自然合一，可以让人很快进入平静的状态。

### （二）能量手印

无名指、中指和大拇指自然相加，其他两指自然伸展。此手印可以排出体内的毒素，消除泌尿系统的疾病；帮助肝脏完好；调节大脑平衡；让人更有耐心，充满自信。

### （三）生命手印

大拇指、小指、无名指相加，其他两指自然伸展。可增强人的活力。

### （四）流体手印

大拇指和小指相加，其他三指自然伸展。可以帮助我们平衡流体，改善视力以及嘴巴过干的现象。

### （五）双手合十印

双手合十印即阴阳平衡手印，放在胸前做成瑜伽冥想的姿势，手掌之间要留下一些空间，意味着身体和心灵的合一、大自然和人类的合一。此手印可以增加人的专注力。

## 三、瑜伽姿势

瑜伽姿势，又称瑜伽体位法、体姿势、体式、形体功法、调身法、调身术等。古印度瑜伽修行者在大自然中仔细观察动植物的习性，模仿动、植物的典型姿态，创造出了瑜伽体位法。所以，许多姿势都被冠以动物或植物的名称，如猫式、鱼式、眼镜蛇式、风吹树式等，意在获取动、植物身上的神秘力量——自然康复能力，以使人的精神和肉体保持在健康状态。

瑜伽体位通过身体的各种前弯后仰、扭转侧弯、俯卧、仰卧等身体姿势，对脊柱、中枢神经、骨骼、肌肉、内脏进行刺激与按摩，配合自身的呼吸、消化、体液分泌物的运转循环，激活身体潜能，提升体内的优良素质，弥补自身的不足和缺陷，增强人的免疫力。下面介绍一些基本的姿势。

### （一）山式（站立）

山式是进化后的基本站立式，也叫柱式。这个姿势能让人产生力量和稳定的感觉。由于稳定性是所有基础的重要组成部分，所以山式几乎是被当成所有站姿的起始姿势，如图 18-3 所示。

双脚并拢站立，两脚大拇指相触。为了感觉舒服，双脚可稍分开，但要平行。上提并张开脚趾头，然后轻轻地回到地板上。体重均匀地分布在双脚，并轻轻压住地面，感觉双脚好像入地生根一般。经双腿向上伸展，膝盖保证向前。收腹，尾骨稍向前送，塌后腰，但不要过度弯曲。借着腰部的延伸和肋骨的上提，拉长脊柱。肩膀向后下方转移。手臂、手掌和手指轻柔地向下延伸。下巴稍收，让后颈部放松。眼神柔和，面部松弛。慢慢调整呼吸，挺拔地站着，感觉身体在十全十美的平衡中休息着。

图 18-3  山式（站立）

提示：集中注意力，全身除双脚往下紧压，其他部位全部往上提，从而感到轻盈挺拔。同时，让所有的关节都对齐：膝盖在脚踝之上，髋部在膝盖之上，肩膀在髋部之上，双耳也在两肩的正上方。脊椎随着脊柱的自然弧度逐节排列。想象头顶正中有根绳子正往上轻拉着。

功效：让臀腿部肌肉健康有弹性；增强脚部力量；培养良好的体态；扩展肺部从而强化深呼吸；带来轻盈均衡的感受，更好地控制平衡，同时增加注意力和毅力。

### （二）山式（坐姿）

以莲花坐或至善坐的姿势坐在垫子上，双手放在体侧；肘心外旋，掌心向外；吸气，气息带动手臂缓慢经体侧向上高举过头，十指相扣，翻转掌心向上，如图 18-4 所示；呼气，放松头部，下巴内收；吸气，背部挺直，手臂向上、向后伸展；呼气放松；闭上眼睛，缓慢呼吸，感受胸骨远离肚脐；腹部稍收，锁骨打开，胸腔打开，肩胛骨展平；臀部完全坐在垫子上，膝盖下压，体会背部的伸展、脊柱的伸展。呼气，手指放松，缓慢经体侧还原。

提示：颈椎、脊椎成一直线，膝盖下压，臀部完全坐在垫子上。

图 18-4 山式（坐姿）

功效：矫正不良体态，缓解肩背部疼痛；扩张、发展胸部，强壮腹部器官，安定神经。

### （三）拜日式

拜日式又叫向太阳致敬式，是由一组瑜伽姿势组成的动作。它来源于一系列对初升太阳进行大拜的动作。对太阳的问候是为了感谢太阳带来的光明和温暖、带给大自然的活力，以及对我们的生活带来的影响。

拜日式是一个接一个连续的动作，以至于里面的任何一个伸展和打开胸部区域的姿势后面肯定紧接着一个收紧胸部的姿势。这会让呼吸系统更加自由地进行呼吸。呼吸和动作的协调对我们特别有帮助，而且当我们顺畅地完成所有动作时，我们会有一种平衡优雅的感觉，如图 18-5 所示。

图 18-5 拜日式

拜日式里的每个姿势都是经过精心安排的，是伸展、调理和增强整个身体，尤其是脊椎的有效方式，它不仅能让身体和脊椎变得更加柔软，还能让身体变得精力充沛、大脑的注意力更加集中。

温馨提示：如果你的脊椎曾经受伤，那么在练习过程中，务必让你的腿保持前倾，照顾好自己的后背；这个系列的动作不适合有高血压、心脏病的人练习。如果你患有眼睛或耳朵方面的疾病，那么不要进行任何倒置的动作。这个系列的动作也不适合孕妇。

### 1. 祈祷式

以山式站姿站在垫子的前端、中间的位置，前面留一脚掌的位置；脚后跟并拢，脚趾并拢，两脚之间几乎不留空隙；小腿内旋，膝盖上提，尾骨内卷；腹部微收，腰椎延展，胸椎上提，眼睛平视前方；感觉肚脐离开胸骨；双手合十于胸前，掌心相对，手指并拢，手肘自然弯曲，置于胸前约成45°，成合十礼；合双掌时，双眼下垂，目光注视指尖，凝聚心神，排除杂念。肩膀放松，感觉肩胛骨下端向脊柱靠拢；轻轻闭上眼睛，缓慢呼吸，体会锁骨的打开、胸腔的打开，如图18-6所示。

提示：通过深而长的呼吸让身心放松下来。

功效：集中和宁静思绪。

### 2. 脊柱后弯式

轻轻张开眼睛，调整呼吸。吸气时，双手向上伸直，高举过头，两手臂平行，紧贴双耳，眼睛注视手掌方向；呼气时，身体向后弯，手臂也跟着向后；抬头，目视上方；缓慢呼吸，3~5次，如图18-7所示。

图18-6　祈祷式

图18-7　脊柱后弯式

提示：髋部向前推，不要把力量只放在腰上，而是放在整条脊柱上。

功效：伸展腹部脏器，促进消化，消除多余的脂肪；加强脊神经，开阔肺叶。

### 3. 脊柱延展式

双掌打开，拇指相扣，掌心向前；吸气时，手臂带动上体缓慢还原成山式站姿；呼气，放松双肩，保持手臂伸直，高举过头，拇指相扣；调整呼吸。然后吸气，延展脊柱，气息带动手臂向上延伸；呼气时，以髋部为轴，保持身体在同一平面上，上体向前、向下延伸，始终保持背部、手臂、头部在同一平面上；腰椎下沉，伸展背部；重心稍前移，拇指松开，双手放在脚的两侧（或轻触双膝、脚趾头、地面），体会背部伸展的感觉；缓慢呼吸，3~5次，感觉血液正缓慢流向头部、面部，如图18-8所示。

提示：双腿尽量不要弯曲，腹部、胸部、面部尽量贴近身体。

功效：预防胃病，促进消化，缓解便秘，增强脊柱的柔韧性，加强脊神经。

### 4. 新月式

图18-8 脊柱延展式

屈双膝，双手撑于双脚外侧；右脚向后迈出一步，脚趾勾地，髋部下沉，膝盖伸直；背部、臀部、右腿在同一直线上；肩膀向后、向下打开，肩胛骨内收，抬头，感受颈部肌肉的拉伸；调整呼吸3~5次，如图18-9所示。

图18-9 新月式

提示：髋部下沉，让髋部得到充分的锻炼。

功效：按摩腹部器官，改善其活动功能；加强两腿肌肉，增强平衡能力。

### 5. 斜板式

保持上身不动，左脚向后迈出，双脚并拢，膝盖伸直，手臂伸直；肘关节外旋，手腕、肘关节、肩膀在同一直线；下巴微收，眼睛看向地面；收紧腹部，夹紧臀部肌肉；这时，颈椎和脊椎形成一条直线；缓慢呼吸3~5次；吸气时，感觉脊椎向头顶的方向延伸；呼气时，体会从尾骨向脚后跟方向伸展，如图18-10所示。

提示：重心放在臀部和膝盖之间的地面上，这样体重就会分散在双手和双脚四个点上；手臂伸直，不要让肩膀向上，避免拉伤肩膀和脖子；收紧腹部和臀部肌肉，不要塌腰，避免对脊柱的挤压。

功效：加强全身肌肉，特别是腹部和大腿肌肉，增强核心能力。

### 6. 毛毛虫式

屈双膝，双膝着地；屈双肘，胸部点地；双肘内收，额头点地（或下巴点地）；放松身

图 18 – 10　斜板式

体，缓慢呼吸 3~5 次，如图 18 – 11 所示。

图 18 – 11　毛毛虫式

提示：肩部下沉放松；额头（或下巴）点地；双臂尽量贴近身体，放松身体。
功效：促进内脏自我按摩和自愈，加强肠道蠕动；强化身体协调能力。

### 7. 眼镜蛇式

脚背贴地，膝盖触地；吸气时，手臂伸直，头部带动身体向上抬起，缓慢撑起上身；呼气时，脊柱向上、向后弯曲，头部后仰，面部放松，全身放松；肩部打开，锁骨打开，胸腔打开，肩胛骨下端向脊柱的方向靠拢，感觉耳朵远离双肩；腹部向下伸展，臀部放松，小腿内卷，双腿向下、向后伸展；感受腰部的延展，感觉从尾骨向脚后跟伸展，如图 18 – 12 所示。

图 18 – 12　眼镜蛇式

提示：意识放在腰部，感受这个体位对腰部和双肾的挤压和按摩。有困难或者腰疼的可双腿稍分开，试着将手掌稍前移来降低难度。

功效：改善胃病、消化不良和便秘；锻炼脊柱，让脊柱神经焕发活力。

**8. 顶峰式（下犬式）**

双脚并拢，脚趾勾地；吸气时，臀部上抬，膝盖伸直，重心后移，脚跟触地；10个手指从指腹开始压向地板，将这种力量从手指开始，均衡地通过手臂、肩部，向上伸展，一直伸展到腰部；颈椎放松，双肩下压，腋窝展开，体会有一种力量从脚后跟向坐骨神经方向行进；膝盖伸展，保持脚后跟不动，大腿上提，感觉有人拉着你的大腿向后向上伸展。缓慢呼吸3~5次，如图18-13所示。

图18-13 顶峰式（下犬式）

提示：双肩下压，让上身充分伸展，脚后跟着地，大腿上提，不要塌腰下压。

功效：强化四肢神经和肌肉。与前一姿势反方向弯曲脊柱，有助于增强脊柱的柔韧性和脊神经的供血情况。

**9. 增延脊柱式**

吸气，左脚向前迈一步，向右脚并拢，膝盖伸直，并拢，双手置于脚的两侧（或轻触双膝、脚趾头、地面）；抬头，腰椎下沉，伸展背部；呼气，依次放松腹部、背部、头部，依次把腹部、背部、额头贴向小腿。缓慢呼吸3~5次，如图18-14所示。

**10. 祈祷式**

微微抬头，手臂向前伸展，贴向双耳，手腕伸直，掌心向下；借助腹部的力量缓慢抬起上身。这个过程始终保持背部挺直，颈椎、脊椎在同一直线缓慢抬起；尾骨内卷稍收腹，目视前方；调整呼吸；掌心相对，手指并拢，双手合十还原于胸前；手肘自然弯曲，肩胛骨内收，闭上眼睛。缓慢呼吸3~5次。

图18-14 增延脊柱式

缓慢张开眼睛，双手放松，还原于体侧，继续完成另一边的拜日式。

**（四）树式**

基本站姿，双脚并拢或稍分开；提起右脚跟，脚趾着地，重心放在左脚上；眼睛注视固定的一点有助于稳定姿势；抬起右脚，握着脚踝，脚底贴着左大腿内侧，脚跟在舒适的范围内靠近腹股沟，脚趾朝下。保持髋部朝向正前方，右膝朝着右外侧。

双手于胸前合掌。站稳以后，双臂慢慢高举过头，保持肩膀下沉。手肘可以伸直或弯曲。躯干从腰往上延伸，轻轻收腹。平稳均匀地呼吸，保持10～60s，如图18-15所示。

合掌回到胸前，右脚放回地上，放松，体重均匀地分布在双脚上；两臂还原体侧。换边重复。

提示：练习此式时，要循序渐进，千万不能操之过急，容易出现的问题是抬高的那条腿无法打开髋部，脊柱弯曲，这些都有可能使人失去身体的平衡，受到伤害。

功效：改善、强化平衡能力；强健脚踝和腿脚；紧实胸背的肌肉，矫正脊柱弯曲，消除腰痛；灵活髋部和肩膀。

## （五）蝴蝶式

蝴蝶式又称吉祥式。以直角坐姿坐在垫子上，两腿伸直、并拢，挺直腰背，双臂置于体侧，掌心向下。吸气，弯曲双膝，将脚跟往内收，尽量贴近身体；呼气，双膝向两侧打开，双脚贴地，脚心相对。双手抓住两脚，将其拉近身体，两腿轻轻上下拍打地板，如蝴蝶展翅，轻拍双翼；动作中保持自然呼吸，如图18-16所示。也可用双手下压膝盖，辅助双腿拍打地板。

图18-15 树式

图18-16 蝴蝶式

提示：背部挺直，整个臀部坐在地板上；缓慢拍打，配合呼吸。

功效：改善因久坐办公室、运动量少，或中年之后身体僵化，使血液循环不良、手脚经常冰冷的问题；女性勤练此式可以松弛骨关节，改善经期不顺。

## （六）双腿背部伸展式

以直角坐姿坐在垫子上，双腿并拢，膝盖下压，腰部挺直；双手放在体侧，手肘伸直，翻转掌心向外；吸气，两臂高举过头，翻转掌心向前；呼气放松；再次吸气时，双手带动身体向上伸展；手臂贴双耳，呼气，以髋部为轴，保持上体在同一平面上，向前向下伸展，双手抓住脚底；腰椎下沉，伸展背部（腰疼或腰椎间盘突出的，保持在这个姿势，闭上眼睛缓慢呼吸）。借助手臂的力量，将整个上体向前伸展；小腿内裹，闭上眼睛，缓慢呼吸，如图18-17所示。

图 18-17 双腿背部伸展式

吸气时,腰椎继续下沉,伸展背部;呼气时,先放松腹部、头部,借助手肘的力量,继续向前向下伸展。

双手臂向前延伸,贴住双耳,保持背部在同一平面上;吸气,借助腹部的力量,缓慢起身,掌心相对;呼气,双臂经体侧还原。

提示:颈椎、脊椎保持在同一直线上,做到自己的极限即可。

功效:增进脊柱弹性,增强双臂、两腿肌肉群;改进消化与排泄,改善血液,放松心脏。

## (七) 战士第一式

以基本三角式站立,左脚尖指向左前方,右脚尖向内转大约 30°(刚开始也可以转 15°,熟练后可以慢慢调整角度);屈左膝(脚尖和小腿成 90°,小腿和大腿成 90°角),成左弓步。上身躯干转向左方,吸气,两手慢慢从旁上举,两手经体侧举至头顶上方,双手合十,保持肘部伸直。呼气,抬头,眼望指尖,自然呼吸 30~60s,如图 18-18 所示。

图 18-18 战士第一式

呼气,头部回正,目视前方;吸气,左膝伸直。呼气,两手分开,还原体侧。身体转向正前方,还原基本三角式站立。调整呼吸,换左侧做同样练习。

提示:此体式需要双腿有良好的耐力。练习时,腿部会有微微酸胀的感觉。双腿间的距离以前腿的大小腿成 90°为最佳，调整好之后就不要过多频繁地移动双脚了。手臂向上延伸肘，带动身体往上，不要将身体重量过多地放在髋部和腿部，双肩打开，胸腔扩张，脊柱向上保持伸直。

功效：增强足弓、脚腕、膝部和大腿的力量，增强身体肌肉耐力，增强意志力；舒缓髋部和肩部，扩张胸腔；改善消化系统和循环系统的功能；缓解坐骨神经痛等症状。

### （八）战士第二式

以基本三角式站立，两脚分开较大距离，手臂放在体侧。左脚稍朝内，右脚向右转90°。右脚跟对着左脚足弓。吸气时，两臂侧平举。呼气时，弯右膝，让小腿和躯干都与地面垂直。收下巴，同时轻轻地转头向右，注视手指。稍微收臀。双脚均匀地下压，左腿伸直，均匀缓慢地呼吸。保持 15～30 秒，如图 18－19 所示。

慢慢把头转回正中，吸气时伸直右腿，呼气时两脚转到前面。手臂还原体侧。调整呼吸，换边重复相同的练习。

提示：若有心脏或血液循环问题（如高血压），不要练习此姿势，或在练习时双手扶胯。

图 18－19　战士第二式

功效：在培养强壮灵活的双腿与髋关节的同时，能伸展大腿内侧的肌肉，紧实腿肌和臀肌，雕塑优美形体；使人的平衡感增强，注意力更集中。

### （九）猫伸展式

四角板凳式跪在垫子上，双膝并拢，双脚并拢，脚背贴地，大腿垂直地面；手指并拢，肩与手腕在同一直线上。

背部放平，意志力放在自己的身体上，吸气时，腰椎缓慢下沉，胸椎上提，颈椎拉长，耳朵带动肩膀向上提；呼气时，把腰椎一节一节向上拱起，胸椎一节一节向上拱起，颈椎自然放松，目视大腿方向，感觉脊椎的向上拱起，体会肩胛骨的打开；配合呼气，重复以上动作 3～6 次，如图 18－20 所示。继而呼气，背部放平，臀部缓慢落在脚后跟上，膝盖打开，大拜式放松。

图 18－20　猫伸展式

提示：动作不要太快，不要猛将颈部前后摆动或把腰部拱后，也不要过分伸展颈部。

功效：伸展背部和肩部，改善血液循环，消除酸痛和疲劳；脊椎骨得到适当的伸展，增加灵活性。

### （十）骆驼式

跪立在垫子上，两膝分开、两腿分开，与肩同宽；脚背贴地，脚趾指向后方；大腿垂直于地面；尾骨内收，腰部向上延展；吸气时，两手放在两髋部，虎口向下；保持上身不动，轻轻将髋部向前推送，感受背部向上伸展；眼随手动，右手缓慢地经体前，向上、向后画一个圈，落在右脚脚后跟上；然后以同样的方式把左手放在左脚脚后跟上；伸展大腿的肌肉；保持两大腿垂直于地面，将头向后仰，髋部微微向前推送，借此轻轻将脊柱向大腿方向推；胸腔上提，伸展腰部；不要将力量全部集中在双手；保持此式，一边把颈部向后方伸展，收缩臀部的肌肉，脊柱伸展；保持30s之后，两手手臂依次向前伸展；吸气，头部带动身体，缓慢起身；呼气，放松双手；大拜式放松，如图18-21所示。

图18-21 骆驼式

提示：头部放松，颈项不要过分向后伸展；臀部收紧前推，大腿尽量垂直地面；背部下段本就较上段灵活，为此可尽力提胸，使上背部弯拱；起身还原时别扭背；挺背上或下去坐在脚跟都行；结束后一定要做一个前弯动作休息。

功效：伸展和强壮脊柱，促进血液循环，纠正溜肩驼背的不良体态。

### （十一）大拜式放松

大拜式放松又称婴儿式、半龟式放松。跪坐，双腿并拢，脚背贴地，双脚大拇指轻触；两膝分开，臀部坐在脚后跟上，双手放于大腿上，脊柱挺直。手臂自两侧向上抬起，于头顶上方合掌，大拇指交叉，手臂触耳，脊柱伸直，深呼吸，尽可能伸直手臂向上。保持臀部始终在脚后跟上，呼气，从腰部开始向前弯曲。伸展脊柱向前，直到手外侧触地，手臂伸直；呼气，继续伸展向前，额头点地，放松肩和手臂，闭上眼睛，缓慢呼吸20s，如图18-22所示。吸气慢慢起身，上半身立直，手臂保持向上伸展。呼气，手臂从身体两侧还原。

图18-22 大拜式放松

提示：臀部始终坐在后脚跟上，动作舒缓。

功效：让身体充分放松，治疗消化不良，有益肺脏，促进血液流向大脑，强健腹部及大腿，促进髋部、三角肌、肩胛骨、肱二头肌、胸大肌的伸展。

### （十二）蝗虫式

鳄鱼式放松开始：俯卧，双肘打开，双手掌心向上，重叠置于下巴下；双腿分开，脚尖向外；闭上眼睛，缓慢呼吸。

双臂伸直，置于体侧，掌心向下，下巴点地；双腿并拢，脚背贴地，脚尖向后；缓慢吸气，气息带动上身、双臂、双腿同时抬离垫子；胸腔向上提起，锁骨打开，手臂向后伸展，胸骨向上提升，髋部下沉，颈椎有意识地放平；缓慢呼吸，感觉背部能量的增加，如图18-23所示。呼气时，缓慢把上身、双臂、双腿放回垫子上，还原鳄鱼式放松。

图18-23 蝗虫式

提示：不要屏气，缓慢呼吸。

功效：强健腰腹部肌肉、上臂和大腿。全蝗虫式还可减轻或消除失眠症、哮喘、支气管炎和肾功能失调的毛病。

### （十三）弓式

鳄鱼式放松开始，额头点地，颈椎放松，感觉上背部血液和腿部血液流向腰部；屈膝，自膝盖处弯曲双腿，脚跟接近臀部；双手分别抓住双脚脚踝或脚背，吸气时，大腿上抬，远离垫子；呼气时，放松；再次吸气，将额头离开垫子，脊椎一节一节抬起，缓慢呼吸，感受小腿远离臀部，脚趾指向天空；胸椎上提，颈椎放松，胸腔打开，锁骨打开，感觉整个腹部支撑着整个上身向上抬起，缓慢呼吸，如图18-24所示。

图18-24 弓式

呼气时，缓慢将头部、上臂、大腿轻轻放回垫子。

提示：停留时，尽量保持好呼吸，有可能的话可慢慢加大上抬的程度。

功效：增强背部肌肉群，消除疲劳，改善肠胃失调、消化不良，加强肠道蠕动，治疗慢性便秘。

### （十四）船式

以直角坐姿坐在垫子上，双腿伸直，小腿内旋，膝盖下压，脚背伸展，双臂自然垂直放于体侧，掌心向下，手指指向前方，背部挺直。吸气，双手后移，手指指向臀部；重心后移，躯干后倾；吸气，缓慢将大腿抬离地面约30°，同时躯干缓慢向后倾斜约60°；双手前平举，与地面平行，掌心相对；膝盖绷直，使腿笔直，脚趾向前，眼睛看向脚趾方向；背部放松，颈部放松，手臂向前延伸，脊椎的任何一个部位都不接触地面，脚的高度超过头部。肩部和手掌应该在同一条水平线上，手掌相对；体会腹部深层肌肉的颤抖，感觉腹部脂肪在燃烧。保持这个姿势30s，正常呼吸，如图18-25所示。

图 18-25 船式

呼气，放下手臂，双腿回到地面上，还原成直角坐姿。

提示：感觉吃力的动作可以借助瑜伽带或毛巾，帮助感受动作；颈部损伤练习者，可以背部靠近墙，身体倾斜，使头部靠墙，这样背部可以得到放松。

功效：强健腹部、臀屈肌和脊椎；缓解腹部胀气，有助于减轻胃部疾患，消除腰部脂肪，增强肾脏；帮助缓解压力。

微课

拜日式　　　　　树式　　　　　蝴蝶式　　　　双腿背部伸展式

第十八章 瑜伽运动

战士一式　　　　战士二式　　　　猫式　　　　骆驼式

大拜式放松　　　全蝗虫式　　　　弓式　　　　船式

## 第四节　瑜伽考试内容与评分标准

### 一、拜日式整套动作测试

#### （一）考核方法

学生在音乐伴奏下，完成拜日式整套动作。

#### （二）评分标准

20~50 分：动作有停顿，动作顺序有错误，稍紧张。
51~75 分：动作较流畅，动作顺序基本正确且舒展。
76~90 分：动作清晰、自如，动作顺序、节奏正确。
90~100 分：动作清晰、流畅、自如，动作顺序没错误，呼吸和动作协调结合。

### 二、套路设计与展示

#### （一）考核方法

学生根据所学动作，自选音乐，分组进行 5min 动作组合创编与展示。

#### （二）评分标准

20~50 分：基本完成编排，动作编排没有规律，完成动作有停顿。
51~75 分：编排较为合理，动作编排规律不明显，完成动作较流畅。
76~90 分：编排合理，动作规律明显，动作完成清晰流畅、自如。
91~100 分：编排具有特色，动作完成清晰流畅、自如、优美、舒张，呼吸与动作结合完美。

# 第十九章 花式跳绳

## 第一节 跳绳概述

### 一、跳绳的起源

跳绳是一项在环摆的绳索中做各种跳跃动作的体育运动,也是一项老少皆宜的全身性有氧健身运动。跳绳活动源远流长,当神话中的创世女神女娲"乃引绳在泥中,举以为人"时,绳子便伴随着人类一起生活了。古人拿绳子来记事,也用它来捆扎收获的农作物,或拴使牛马、捆绑猎物等,绳子成了人类生活中的重要工具。最早出现的跳绳史料是汉代画像石上的跳绳图,它证明在汉代已经有了跳绳活动。在古代,跳绳叫"跳百索",最早是孩子们在春节时玩的一种游戏。所谓"跳百索",就是因为当绳飞转时,可以幻成千百条,而顾名思义。明朝时《帝京景物略》中说:"二童子引索略地,如白光轮,一童子跳光中,曰:'跳百索'。"《幽州风土吟》中说:"太平鼓,声冬冬,白光如轮舞索童,一童舞索一童歌,一童跳入白光中。"这就是现在跳绳中的母子跳。另外,在《宛书杂记》里,也有我们今日跳绳中的半回旋跳。根据以上记载可知,现今国外韵律操所采用的绳操,就有对我国跳百索的应用。所以,我们要珍惜祖先的文化遗产,并加以发扬光大,如图19-1所示。

图19-1 跳百索

### 二、跳绳运动优点及锻炼价值

跳绳运动在各项民俗体育运动中是最普遍的项目,所需的场地和资金都比较少,更不受年龄、性别、场地的限制，人人可行，家家可玩。跳绳种类繁多，有跳短绳、跳长绳；有单人跳、双人跳、多人跳、花样跳；有单摇跳、多摇跳；有一人一绳、多人一绳、多人多绳，其动作可简可难，变化多样，趣味无穷。这项运动特别适合在人多、场地小的中小学校开展，是将普及性、可行性、趣味性和健身性融为一体的体育运动项目。

跳绳运动对青少年有很好的锻炼价值：第一，它能促进学生健康发育，能加快胃肠蠕动和血液循环，促进机体的新陈代谢，有利于学生健康成长；第二，它能提高学生的记忆能力。学生在跳绳过程中不断地数数，使其大脑皮层处于兴奋状态，有助于其将抽象记忆转化为形象记忆；第三，它能促进学生心灵手巧。人的机体在运动时会把信息反馈给大脑，从而刺激大脑进行积极思维。学生跳绳时自跳自数，可以提高大脑的思维灵敏度和判断力，有助于学生体力、智力和应变能力的协调发展；第四，它能培养学生的平衡感和节奏感。跳绳时的动作可谓左右开弓、上下齐动，有助于学生左脑和右脑平衡、协调地发展，还可以培养学生的节奏感；第五，它能帮助学生确立方位感和培养其整体意识，学生在跳绳过程中，有时是单人跳，有时是双人跳，有时是多人跳，这有利于学生形成准确的方位感以及培养整体观念；第六，学生在跳绳活动中，能够自觉地形成组织纪律性，培养团结协作精神和集体主义观念。

## 三、跳绳的注意事项

（1）跳绳者应穿质地软、重量轻的高帮鞋，避免脚踝受伤。
（2）绳子软硬、粗细适中。初学者通常宜用硬绳，熟练后可改为软绳。
（3）选择软硬适中的木质地板和泥土地的场地较好，切莫在硬性水泥地上长时间跳绳，以免损伤关节，引起头昏。
（4）跳绳时须放松肌肉和关节，脚尖和脚跟须用力协调，防止扭伤。
（5）胖人宜采用双脚同时起落。同时，上跃也不要太高，以免关节因过于负重而受伤。
（6）跳绳前先让足部、腿部、腕部、踝部做些准备活动，跳绳后做些放松活动。

## 第二节　花式跳绳的基本方法

### 一、花式跳绳的相关常识

#### （一）摇绳的种类

正摇、反摇、交叉摇、双摇、三摇、水平摇、花式体侧摇、八字摇、交互摇、网摇、峰谷摇、来回摇等。

#### （二）跳绳的种类

**1. 单人跳**

单脚跳、双脚跳、前后跳、左右跳、前后开合跳、左右开合跳、交叉步跳、滚石跳、十字步跳、前踢跳、后踢跳、抬腿跳、行进间跳、全蹲跳等。

### 2. 双人跳

双人一绳跳、双人双绳跳等。

### 3. 多人跳

三人组合跳（两人摇绳、一人在中间跳）、四人组合跳、五人组合跳、集体跳等。

## 二、跳绳的基本方法与技巧

### （一）握绳方法

握有把（柄）的绳，手自然握住即可；握无把的绳，要把跳绳两端绕在手心和手背上，用拇指与食指第一、二关节握住跳绳，如图19-2所示。

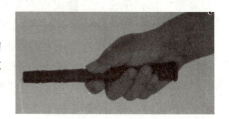

图19-2 握绳方法

### （二）量绳方法

跳绳的长短可用双脚开立（不应大于肩）或一脚踏在跳绳中间部位，两手握绳的两端，两臂屈肘与体侧成直角，然后拉直跳绳即可，如图19-3所示。

### （三）摇绳方法

摇绳时大臂靠近身体两侧，肘稍外展，上臂近似水平，用手腕力量做外展内旋运动，使两手在体侧做画圆动作，每摇动一次，绳子从地经过身后向上向下，回旋一周，绳子转动的速度和手绳的速度成正比，摇动越快，绳子回旋越快。开始时，以两肩为轴，双臂双手腕同时用力，手臂抡绳动作比较大。技术熟练后，手臂抡绳动作可逐渐减小幅度，以两肘为轴，用两前臂和手腕配合摇绳，摇绳的位置位于体侧前越15cm处，如图19-4所示。

图19-3 量绳方法

图19-4 摇绳位置

### （四）跳绳方法

眼向前望，腰背要伸直；手臂与手肘约成90°；以手腕力量摆绳；跳跃时双脚并合，脚尖或前脚掌有节奏地踏地跳；着地时膝盖微曲，以吸收跳跃时的震荡力；踏跳时以脚前掌着地，足踝大部分时间是不着地的。

### （五）停绳方法

当跳绳由后向前摇转时，一脚向前伸，脚跟着地，脚尖抬起，使跳绳中段停在脚掌下，如图19-5所示。

### （六）跳绳姿势的变化

#### 1. 并脚跳

预备姿势：直立，两手握绳的两端，两臂自然屈曲，将绳置于体后，如图19-6所示。

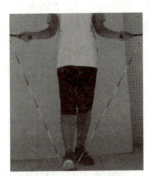
图19-5 停绳方法

图19-6 并脚跳

练习方法：两手腕、手臂协调一致用力，将绳向上、向前抡起。当绳抡至头以上位置时，两手臂不停顿，继续向下、向后抡绳。在绳落地的一瞬间双脚随即跳起，绳从两脚下抡转过去，两手臂不停顿，继续向后、向上、向前抡绳，绳接近地面的瞬间，双脚继续跳起，连续做数次。

摇绳方向变换：正摇、反摇、水平摇等。

#### 2. 单脚交换跳

预备姿势：直立，两手握绳的两端，两臂自然屈曲，将绳置于体后。

练习方法：两手腕、手臂协调一致用力，将绳向上、向前抡起。当绳抡至头以上位置时，两手臂不停顿，继续向下、向后抡绳。在绳落地的一瞬间两脚分前后依次跨绳；连续单脚交换跳短绳，如此交替进行，如图19-7所示。

摇绳方向变换：正摇、反摇、水平摇等。

图19-7 单脚交换跳

## 第三节　个人技术动作

### 一、步伐花样

#### （一）速度跳

在单脚跳的技术上根据实际情况将速度不断地增快。理论上，踏步跳是单摇跳中速度最快的一种跳法，因此，世界跳绳比赛规则中规定 30s 速度单摇跳、3min 耐力单摇跳速度比赛必须使用双脚轮换跳。

动作方法：在基本摇绳姿势的前提下，两脚做依次交替抬起落地的踏步动作。

练习方法：练习双脚轮换踏步跳。

#### （二）开合跳

双脚一开一合的跳法。

动作方法：跳跃时一开一合的节奏是相同的，开时双脚稍宽于肩，合时双脚并拢。

练习方法：练习连续一开一合，如图 19-8 所示。

图 19-8　开合跳

#### （三）开合交叉跳

双脚一开一交叉跳。

动作方法：双脚一开一交叉的节奏相同，开时双脚稍宽于肩，交叉时两膝盖重合。双脚一开一交叉时绳子分别过脚一次。

练习方法：练习连续一开一交叉，如图 19-9 所示。

#### （四）弓步跳

双脚前后张开跳跃一次后，左脚或者右脚依次前后分开并拢。

第十九章 花式跳绳

图 19-9　开合交叉跳

动作方法：两手持绳向前摇，当绳子过脚置于空中时，两脚分开成前后弓步动作；当绳子打地快过脚时，双脚并拢跳过绳。一拍一动，左右边各四次，完成弓步跳。

练习方法：练习张开后直接左脚或右脚弓步跳，如图 19-10 所示。

图 19-10　弓步跳

## （五）左右跳

双脚并拢连续向左或向右跳。

动作方法：向左或向右跳跃时绳子各过脚一次，摇绳节奏不变。

练习方法：练习连续往左跳或者往右跳，如图 19-11 所示。

图 19-11　左右跳

## （六）钟摆跳

犹如钟表的摆动，摆动脚与支撑脚连续不断地交换，向左或者向右摆动。

动作方法：保持相同节奏，左右脚向两边不断地摆动。

练习方法：不断地练习左右脚摆动的连续跳，如图19-12所示。

图 19 - 12　钟摆跳

## （七）剪刀跳

左脚或右脚前后交叉地跳跃。

动作方法：双脚向前交叉时都必须过绳子，双手摇绳必须配合双脚跳绳的节奏。

练习方法：练习连续向前跳。如图19-13所示。

## （八）走步跳

绳子过脚时不像在跳跃，而像在走路。

动作方法：跳跃保持单脚跳，每次跳跃时都要向前移动，摇绳配合移动的速度。

图 19 - 13　剪刀跳

练习方法：练习向前移动交换腿走步跳，如图19-14所示。

图 19 - 14　走路

## （九）单脚跳

只有一脚着地，连续跳跃，每跳跃一次绳子过脚一次。

动作方法：只用一只脚作为支撑点且每次需跳跃，摇绳与跳跃需保持相同的节奏。
练习方法：练习连续单脚跳，如图 19 – 15 所示。

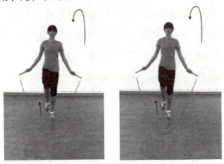

图 19 – 15　单脚跳

## （十）跑步跳

动作类似于跑步动作的原地跳。
动作方法：像跑步一样跑起来，双手摇绳节奏与跑步节奏一致。
练习方法：练习连续跑步跳绳，如图 19 – 16 所示。

图 19 – 16　跑步跳

## （十一）脚跟跳

跳跃时一只脚的脚跟在另一只脚的前面，并且是脚跟着地。
动作方法：跳跃时保持一只脚在原地，一只脚跟在原地脚的前面。
练习方法：练习连续不断的脚跟跳，如图 19 – 17 所示。

图 19 – 17　脚跟跳

## （十二）侧点跳

跳跃时一只脚在原地，另一只脚在支撑脚的左边或者右边用脚尖（跟）着地。

动作方法：跳跃时一只脚在原地，另一只脚在原地脚的左边或右边用脚尖（跟）跳跃，保持与跳跃节奏一致，并且每次起跳都需要过绳子一次。

练习方法：练习连续不断的左右两边的脚尖（跟）点地跳。如图 19-18 所示。

## （十三）提膝跳

跳跃时一只脚原地抬起与地面平行。

动作方法：原地抬起的脚抬起时，着地的脚也必须在跳跃，摇绳节奏与跳跃脚的节奏一致，并且每次跳跃，绳子都要过脚一次。

练习方法：练习连续不断的提膝跳，如图 19-19 所示。

图 19-18 侧点跳

图 19-19 提膝跳

## （十四）提膝侧点跳

跳跃时一只脚原地抬起，落地后与原地脚处于交叉状态。

动作方法：原地抬起的脚抬起时，着地的脚也必须在跳跃；原地抬起的脚落地时要用脚尖着地，且落地时与另一只脚交叉。

练习方法：练习连续不断的提膝侧点跳，如图 19-20 所示。

图 19-20 提膝侧点跳

## （十五）踢腿跳

跳跃时一只腿原地伸直抬起与地面平行。
动作方法：跳跃时一只脚为支撑脚，另一只脚原地抬起与地面平行且始终保持跳跃。
练习方法：练习连续踢腿跳跃，如图 19-21 所示。

## （十六）基本双摇跳

原地起跳一次，绳子绕过身体两周。
动作方法：起跳时摇绳速度加快，起跳一次绳子绕过身体两周，手摇速度要快。
练习方法：每次跳跃双手摇绳两周的徒手练习，如图 19-22 所示。

图 19-21　踢腿跳

图 19-22　基本双摇跳

# 二、交叉花样

## （一）基本交叉跳

绳子过身体时手部动作在腹前交叉跳跃。
动作方法：绳子每次过脚时，绳子都在腹前交叉。
练习方法：练习手部交叉的跳跃，如图 19-23 所示。

## （二）双摇快花

起跳一次，绳子过身体两周，同时第二周过身体时手部是交叉的动作。
动作方法：起跳时绳子过身体两周，第一周正常直摇，第二周手部腹前交叉。
练习方法：无绳练习手部的摇绳动作，如图 19-24 所示。

图 19-23　基本交叉跳

## （三）双摇扯花

起跳一次，绳子过身体两周，同时第一周过身体时手部是腹前交叉的动作，第二周正常直摇。

图 19－24　双摇快花

动作方法：起跳时绳子过身体两周，第一周手部腹前交叉，第二周正常直摇。
练习方法：无绳练习手部的摇绳动作，如图 19－25 所示。

图 19－25　双摇快花

### （四）双摇凤花

起跳一次，绳子连续交叉过身体两周。
动作方法：起跳时绳子过身体两周，两周手部动作连续交叉。
练习方法：在无绳的情况下，练习连续交叉过身体的节奏与速度，如图 19－26 所示。

### （五）上下翻花

重复左右手轮流上下交叉。
动作方法：第一次起跳时与第二次起跳时左右手要交换位置，重复动作，左右手交换位置必须连续进行。
练习方法：练习左右手连续交换位置，如图 19－27 所示。

图 19－26　双摇凤花

### （六）双摇龙花

左右手轮流上下交叉，起跳一次完成双摇交叉动作。
动作方法：起跳时第一个交叉与第二个交叉动作的左右手交换位置，左右手交换位置要一次在空中完成。
练习方法：先练习连续单摇上下翻花，慢慢加快速度练习双摇龙花，如图 19－28 所示。

第十九章　花式跳绳

图 19－27　上下翻花

图 19－28　双摇龙花

## （七）敬礼跳

一手在腹前、一手在背后双手摇绳的跳跃。

动作方法：一手在腹前、一手在背后时双手摇绳动作一致，并保持相同的跳跃节奏。

练习方法：无绳练习一手在腹前、一手在背后的摇绳动作，如图 19－29 所示。

## （八）胯下跳

绳子过身体时抬起左腿或右腿，将同侧手放在膝下的跳跃。

动作方法：绳子向前摇动，绳子过身体时抬起左腿或右腿，将同侧手放在膝下的跳跃。抬起的腿属于自然放松状态，并保持节奏的一致性。

练习方法：无绳练习将手放在抬起腿的膝后的跳跃，如图 19－30 所示。

图 19－29　敬礼跳　　　　　　　　图 19－30　胯下跳

### （九）横摇跨腿跳

两手持绳横向摇绳，即两手上下置于体前横向摇绳。当绳子快到脚时依次抬脚跨过绳子，绳子通过身体横向一周，完成此动作。

动作方法：学习本动作关键在于手部的位置，分一上一下，上方的那只手绕过头部，下方的那只手位于胯下旋转摇绳；尽量做到手腕放松、自然柔和，摇绳手与脚有节奏且协调。

练习方法：先做徒手动作练习；熟悉手部动作走向后，再接着做手脚配合的动作练习，如图 19-31 所示。

图 19-31　横摇跨腿跳

## 三、转体花样

### （一）半转身跳

绳子正常向前跳跃一次，绳子向左侧打或者向右侧打的同时转身 180°，绳子后摇跳跃一次，再往相反方向转身 180°后直接变为向前摇动。

动作方法：绳子向左侧打或者向右侧打转身时节奏不变，可将半转身分为四拍练习：第一拍原地向前只摇一次，第二拍绳子在向左边或者右边侧打时转身 180°，第三拍绳子向后摇动跳跃一次，第四拍往相反方向转身 180°再向前摇绳跳跃，如图 19-32 所示。

图 19-32　半转身跳

## （二）全转身跳

绳子正常向前跳跃一次，绳子向左侧打或者向右侧打，同时转身180°，绳子后摇跳跃一次，摆绳一次。再接着转身180°变为向前摇动跳跃。

动作方法：绳子每拍的节奏不变，可将半转身分为五拍练习：第一拍原地向前只摇一次，第二拍绳子在向左边或者右边打时转身180°，第三拍绳子向后摇动跳跃一次，第四拍向后摆绳一次，第五拍继续转身180°再向前摇绳跳跃，如图19-33所示。

图19-33 全转身跳

## 四、侧摆花样

### （一）前后打

由双手摇动绳子过头但是不做跳跃的运动。

动作方法：绳子打向身体的左边或者右边，腰往同一个方向转动，让绳子绕过头部回到原位，连续重复这一个动作。

练习方法：可将动作分成两个部分：第一部分将绳子摆动到身体的侧边，第二部分将绳子从侧边摆动到身体的后边，连续重复做这个动作，如图19-34所示。

图19-34 前后打

## （二）侧打直摇

手部动作交叉地向身体的左边或右边摆动一次后正常向前摇动跳跃一次。

动作方法：绳子侧打至身体左边或右边，手部动作为交叉位置，侧打至左边时右手在上，侧打至右边时左手在上，再正常向前摇动绳子跳跃一次，如图 19-35 所示。

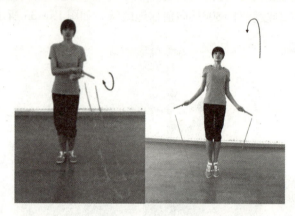

图 19-35　侧打直摇

## （三）双摇侧打直摇

动作开始时，先交叉摇一次，接着左右侧打一次，最后直摇一次。在侧打至身体左边或右边时，手部动作为交叉位置，侧打至左边时右手在上，侧打至右边时左手在上。动作要求连贯，必须一次性完成，如图 19-36 所示。

图 19-36　双摇侧打直摇

## 第四节　全国跳绳大众锻炼标准成套动作

以下介绍《全国跳绳大众锻炼标准》一级、二级动作图解。其动作强度适中，具有很好的锻炼价值，可作为学校健身课教材。

# 第十九章　花式跳绳

## 一、《全国跳绳大众锻炼标准》一级动作

### （一）锻炼宗旨

跳绳者能够完成基本单摇跳，掌握多种单摇步伐变换以及简单的手上编花动作。

### （二）技术动作

一级主要技术包括左右甩绳、并脚跳、双脚交换跳、开合跳、弓步跳、并脚左右跳、基本交叉跳、勾脚点地跳等步伐。每个技术动作一个八拍，连续完成。

#### 1. 左右甩绳

动作要领：两手臂向前摇绳至一边体侧甩绳，绳子不过脚；接着甩绳至另外一边体侧，一拍一动，左右边各四次，完成左右甩绳，如图19-37所示。

图19-37　左右甩绳

技巧与建议：
（1）先学会单手前摇绳或后摇绳，再接着进行左右甩绳。
（2）左右甩绳时，注意两手腕自然放松、柔和地摇绳。
（3）膝盖与手部节奏一致，富有弹性。
（4）身体保持直立姿态，目视前方，面带微笑。

#### 2. 并脚跳

动作要领：两手持绳向前摇绳，双脚并拢跳跃过绳，绳子绕过身体一周，一摇一跳，连续完成并脚跳（即为并脚单摇跳），如图19-38所示。

技巧与建议：
（1）先进行徒手摇绳练习，再接着单手带绳摇与跳动。
（2）并脚跳绳时，注意手腕自然放松、柔和地进行摇绳。
（3）膝盖与手部放松、节奏一致，踝关节与膝关节富有弹性，做到前脚掌着地。
（4）身体保持直立姿态，目视前方，面带微笑。

#### 3. 双脚交换跳

动作要领：两手持绳向前摇绳，双脚分先后依次向前抬起跳跃过绳；一摇一跳，左右各四次，连续完成双脚交换跳，如图19-39所示。

图 19-38 并脚跳

图 19-39 双脚交换跳

技巧与建议：

（1）先进行徒手练习，再接着单手带绳摇与双脚交换跳动。

（2）做双脚交换跳时，手部动作应注意两手腕自然放松、柔和地摇绳，手与脚的节奏做到一摇一跳、一摇一抬腿。

（3）腿部动作，做抬脚时，踝关节与膝关节自然下垂、轻松抬腿，控制好高度，做到前脚掌着地，富有弹性。

（4）身体保持直立姿态，目视前方，面带微笑。

4. 开合跳

动作要领：两手持绳向前摇，当绳子过脚置于空中时，两脚跳跃成开，膝盖呈微弯曲状态。当绳子快打地时，两脚合并跳绳过绳，一拍一动，完成开合跳，如图19-40所示。

图 19-40 开合跳

技巧与建议：

（1）先进行徒手练习，再接着单手带绳摇与双脚开合跳动。

（2）做开合跳时，注意两手腕自然放松、柔和地摇绳，手与脚的节奏注意做到一摇一跳，一开一合。

（3）做开合跳时，踝关节与膝关节注意放松，控制好节奏与过绳时机，做到前脚掌着地，富有弹性。

（4）身体保持直立姿态，目视前方，面带微笑。

### 5. 弓步跳

动作要领：两手持绳向前摇，当绳子过脚置于空中时，两脚分开成前后弓步动作；当绳子打地快过脚时，双脚并拢跳过绳。一拍一动，左右边各四次，完成弓步跳，如图 19-41 所示。

图 19-41　弓步跳

技巧与建议：

（1）先进行徒手练习，再接着单手带绳摇与双脚成弓步跳动。

（2）做弓步跳时，注意两手腕自然放松、柔和地摇绳，手与脚的节奏注意做到一摇一跳，一弓一并。

（3）做弓步跳时，踝关节与膝关节注意放松，控制好节奏与时机，做到前脚掌着地，富有弹性。

（4）身体保持直立姿态，目视前方，面带微笑。

### 6. 并脚左右跳

动作要领：两手持绳向前摇，当绳子过脚置于空中时，双脚并拢向右、左边跳，一拍一动，左右边各四次，完成并脚左右跳，如图 19-42 所示。

图 19-42　并脚左右跳

技巧与建议：

（1）先进行徒手练习，再接着单手带绳摇与双脚左右跳动。

（2）做左右跳时，注意两手腕自然放松、柔和地摇绳，手与脚的节奏注意做到一摇一跳，一左一右。

（3）做左右跳时，踝关节与膝关节注意放松，控制好节奏与时机，做到前脚掌着地，富有弹性。

（4）身体保持直立姿态，目视前方，面带微笑。

### 7. 基本交叉跳

动作要领：两手持绳摇，此动作分成两拍完成：第一拍，两手为直摇绳；第二拍，两手为交叉摇绳。一拍一动，开与合各四次，完成基本交叉跳，如图 19 – 43 所示。

图 19 – 43　基本交叉跳

技巧与建议：

（1）先进行徒手练习，原地静止练习手部动作做交叉摇绳，再接着带绳做交叉跳动。

（2）做间隔交叉单摇跳时，注意两手腕自然放松、柔和地摇绳，注意摇绳时手部交叉的位置。另外，手与脚的节奏注意做到一摇一跳，一开一合。

（3）下肢部位踝关节与膝关节注意放松，控制好节奏与绳过脚的时机，做到前脚掌着地，富有弹性。

（4）身体保持直立姿态，目视前方，面带微笑。

### 8. 勾脚点地跳

动作要领：两手臂向前摇绳，其中一只脚勾脚同时向前点地，另外一只脚直立跳跃过绳，接着交换另外一只脚做同样的动作，一拍一动，左右各四次，完成勾脚点地跳，如图 19 – 44 所示。

图 19 – 44　勾脚点地跳

技巧与建议：

（1）先进行徒手练习，接着单手摇绳、脚前勾脚点地跳一起配合。

（2）做勾脚点地跳时，注意两手腕自然放松、柔和地摇绳，手与脚的节奏注意做到一摇一跳，一勾点一并跳。

（3）做勾脚点地跳时，踝关节与膝关节注意放松，控制好节奏与时机，做到前脚掌着地，富有弹性。

（4）身体保持直立姿态，目视前方，面带微笑。

## 二、《全国跳绳大众锻炼标准》二级动作

### （一）锻炼宗旨

完成规范的单摇动作，掌握基本步法变换、简单的缠绕以及绳向的变化动作。

### （二）技术动作

二级主要技术包括弹踢腿跳、后屈腿跳、吸腿跳、钟摆跳、踏跳步、左右侧摆直摇跳、手臂缠绕、前后转换跳等步伐。每个技术动作一个八拍，连续完成。

#### 1. 弹踢腿跳

动作要领：两手持绳向前摇，踝关节蹦直与小腿向前方弹踢，左右脚交替进行，一拍一动，左右各四次，完成弹踢腿跳，如图19-45所示。

图19-45 弹踢腿跳

技巧与建议：

（1）先进行徒手练习，接着单手摇绳与腿部弹踢腿跳一起配合。

（2）做弹踢腿跳时，注意两手腕自然放松、柔和地摇绳，手与脚的节奏注意做到一摇一跳，一吸一踢。

（3）踝关节与膝关节注意放松弹踢，力到脚尖，控制好跳绳节奏以及绳子过脚的时机，做到前脚掌着地，富有弹性。

（4）身体保持直立姿态，目视前方，面带微笑。

#### 2. 后屈腿跳

动作要领：两手持绳向前摇，当绳子过脚置于空中时，一脚向后折叠后踢，另一脚直立

跳跃过绳，反之，另一脚折叠后踢，一脚直立跳跃过绳，一拍一动，左右边各四次，完成后屈腿跳，如图 19-46 所示。

图 19-46　后屈腿跳

技巧与建议：

（1）先进行徒手练习，接着做单手摇绳和脚部后屈腿跳一起配合。

（2）做后屈腿跳时，注意两手腕自然放松、柔和地摇绳，手与脚的节奏注意做到一摇一跳，一吸一跳。

（3）踝关节与膝关节注意放松，控制好节奏与绳过脚的时机，做到前脚掌着地，富有弹性。

（4）身体保持直立姿态，目视前方，面带微笑。

**3. 吸腿跳**

动作要领：两手持绳向前摇，当绳子过脚置于空中时，一脚向前上方提膝，另一脚直立跳跃过绳，反之为另一脚动作，一拍一动，左右边各四次，完成吸腿跳，如图 19-47 所示。

图 19-47　吸腿跳

技巧与建议：

（1）先进行徒手练习，接着单手摇绳与脚部提膝跳一起配合。

（2）做吸腿跳时，注意两手腕自然放松、柔和地摇绳，手与脚的节奏注意做到一摇一跳，一提一跳。

（3）踝关节蹦直与膝关节垂直，大腿与地面平行，控制好节奏与绳过脚的时机，做到前脚掌着地，富有弹性。

（4）身体保持直立姿态，目视前方，面带微笑。

## 4. 钟摆跳

动作要领：两手持绳向前摇，当绳子过脚置于空中时，一脚向同一侧摆动，另一脚直立跳跃过绳，反之为另一脚动作，一拍一动，左右边各四次，完成钟摆跳，如图 19-48 所示。

图 19-48　钟摆跳

技巧与建议：

（1）先进行徒手练习，接着单手摇绳与脚部左右钟摆跳一起配合。

（2）做左右钟摆跳时，注意两手腕自然放松、柔和地摇绳，手与脚的节奏注意做到一摇一跳，一左一右。

（3）踝关节与膝关节注意蹦直摆动，控制好节奏与绳过脚的时机，做到前脚掌着地，富有弹性。

（4）身体保持直立姿态，目视前方，面带微笑。

## 5. 踏跳步

动作要领：两手持绳向前摇，双脚做踏跳跳跃，一摇一跳，完成踏跳步，如图 19-49 所示。

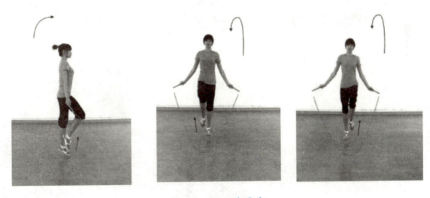

图 19-49　踏跳步

技巧与建议：

（1）先进行徒手练习，分手部摇绳，脚部踏跳步跳，接着手脚一起配合。

（2）做踏跳步时，注意两手腕自然放松、柔和地摇绳，手与脚的节奏注意做到一摇一跳。

（3）踝关节与膝关节注意放松，控制好节奏与绳过脚的时机，做到前脚掌着地，富有弹性。

(4) 身体保持直立姿态，目视前方，面带微笑。

### 6. 左右侧摆直摇跳

动作要领：两手持绳向前摇绳至左边体侧甩绳，再向右边甩绳，接着两手打开成直摇姿态，双脚并拢跳跃过绳，完成一个完整动作，如图19-50所示。

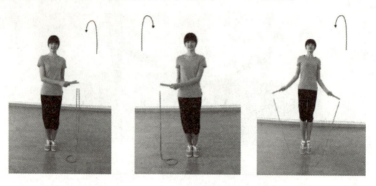

图19-50 左右侧摆直摇跳

技巧与建议：

(1) 先进行徒手练习，接着两手做左右侧摆绳。

(2) 做左右侧摆直摇跳时，注意两手腕自然放松、柔和地摇绳，手与脚的节奏注意做到协调。

(3) 踝关节与膝关节注意放松，控制好节奏与绳过脚的时机，做到前脚掌着地，富有弹性。

(4) 身体保持直立姿态，目视前方，面带微笑。

### 7. 手臂缠绕

动作要领：两手持绳向体侧甩绳缠绕同侧手腕一圈，再稍转体摆至另一侧反向打开所缠绕的绳子；相同动作反向再做一遍，完成一个八拍，如图19-51所示。

图19-51 手臂缠绕

技巧与建议：

(1) 先学会同一方向的缠绕，如一边向前缠绕后接着向后打开，接着左右手一起配合。

(2) 做手臂缠绕时，注意两手腕自然放松、柔和地摇绳，摆动的弧度、手的节奏做到一摇一绕、一摇一打地。

(3) 踝关节与膝关节注意放松，控制好绳子与身体节奏，膝关节富有弹性。

（4）身体保持直立姿态，目视前方，面带微笑。

### 8. 前后转换跳

动作要领：完成此动作分成两拍：第一拍为两手持绳向前摇绳，双脚并拢跳跃过绳一周；第二拍为双手持绳从身体的一侧随身体转动180°，成后摇绳姿态，接着再转成正面180°直摇绳，动作总共三个面（即正反正面），便成前后转换跳，如图19-52所示。

图19-52 前后转换跳

技巧与建议：

（1）此动作最主要是学会手控制绳的能力，首先学会手控制绳子的方向，再学会绳随身体转动而摆动。

（2）做前后转换跳时，注意两手腕自然放松、柔和地摇绳，手与脚的节奏注意做到一摇一跳。

（3）踝关节与膝关节注意放松，控制好节奏与绳过脚的时机，做到前脚掌着地，富有弹性。

（4）身体保持直立姿态，目视前方，面带微笑。

微课

基本方法与技巧　　　　　基本动作教学　　　　　套路展示

## 第五节　花式跳绳考试内容与评分标准

### 一、一分钟跳绳能力测试（50%）

评分标准如表19-1所示。

表 19-1　跳绳能力测试评分标准　　　　　　　　　　　　　　　个

| 分值<br>性别 | 100 | 95 | 90 | 85 | 80 | 75 | 70 | 65 | 60 | 55 | 50 | 45 |
|---|---|---|---|---|---|---|---|---|---|---|---|---|
| 男生 | 186 | 176 | 166 | 160 | 154 | 148 | 142 | 136 | 130 | 124 | 118 | 112 |
| 女生 | 176 | 166 | 156 | 150 | 144 | 138 | 132 | 126 | 120 | 114 | 108 | 102 |

## 二、花式跳绳评价标准

花式创意编排满分为 100 分，包括音乐运用 20 分、场地移动 20 分、完成质量 40 分、成套编排 20 分。

### 1. 音乐运用（20 分）

整套动作要求运动员跟随音乐的节拍，并根据音乐的旋律展现丰富多彩的跳绳动作，具体评分如表 19-2 所示。

表 19-2　音乐运用评分

| 分值 | 音乐运用 |
|---|---|
| 0~4 | 整套动作都不跟音乐节拍。也没有跟随音乐旋律完成动作 |
| 5~8 | 约 1/3 时间跟上音乐节拍。动作与音乐旋律的配合一般 |
| 9~12 | 约 1/2 时间跟上音乐节拍。动作与音乐旋律的配合较好 |
| 13~16 | 整套动作都能跟上音乐节拍。动作与音乐旋律的配合非常好 |
| 17~20 | 整套动作都能跟上音乐节拍，能根据音乐旋律的变化完美展现动作 |

### 2. 场地移动（20 分）

场地移动考验运动员在移动中完成动作的能力，具体评分如表 19-3 所示。

表 19-3　场地移动评分

| 分值 | 场地移动 |
|---|---|
| 0~4 | 整套动作一直在原地完成 |
| 5~8 | 整套动作约 1/3 时间在移动中完成 |
| 9~12 | 整套动作约 1/2 时间在移动中完成 |
| 13~16 | 整套动作约 2/3 时间在移动中完成 |
| 17~20 | 整套动作一直在移动中完成 |

### 3. 完成质量（40 分）

对整套动作完成质量进行整体评估，包括：

（1）动作方法正确、技术规范，身体姿态或绳子弧度饱满。

（2）动作之间连接、转换自然流畅，无多余动作。

（3）动作密度大、整体综合表现力强。表现力指整个比赛过程精力充沛，精神饱满，动作表现生动活泼、自然洒脱、健康活力，给人以美的感受和青春向上的活力。

具体评分如表19-4所示。

表19-4 完成质量评分表

| 分值 | 等级 | 完成质量 |
| --- | --- | --- |
| 0~8 | 差 | 动作完成吃力，动作严重变形，动作之间间断，综合表现差 |
| 9~16 | 一般 | 动作完成吃力，约1/2动作变形，动作之间有停顿，综合表现一般 |
| 17~24 | 良好 | 动作完成轻松，大部分动作合乎标准，身体姿态优美，动作连贯，综合表现良好 |
| 25~32 | 优秀 | 动作完成轻松自如，身体姿态优美，绳子弧度饱满，综合表现优秀 |
| 33~40 | 完美 | 动作漂亮，轻松自如，绳子弧度饱满，连接自然流畅，综合表现完美 |

**4. 成套编排（20分）**

取决于整套动作的创意性、动作衔接编排的合理性及服装、礼仪等方面。

（1）创意性表现在运动员动作编排的别具一格，鼓励有创意、有趣味或者新奇性的动作出现。

（2）动作衔接编排的合理性是指动作与动作之间衔接编排恰当、过渡自然。

（3）服装选择得体、整齐、统一，突出跳绳运动的特点，符合比赛规定。

（4）整套编排遵礼守节、文明参赛。如在入场后，动作开始前和结束后，积极地向裁判组和观众鞠躬行礼（绳礼），无任何不文明行为。

具体评分如表19-5所示。

表19-5 成套编排评分

| 分值 | 等级 | 完成质量 |
| --- | --- | --- |
| 0~4 | 差 | 成套编排无新意，看起来枯燥乏味，动作衔接突兀，服装不协调统一，有不文明行为 |
| 5~8 | 一般 | 至少有一个创新点，运动员精神饱满，服装协调，遵守礼节，服装统一 |
| 9~12 | 良好 | 至少有两个创新点，动作衔接轻松自如，服装统一较得体，遵守礼节 |
| 13~16 | 优秀 | 至少有三个创新点，动作表现生动活泼，情绪表现与整套风格统一，服装得体，突出了跳绳运动的特点，遵守礼节 |
| 17~20 | 完美 | 至少有四个创新点，运动员感情投入，情绪表现与整套风格完美结合，服装漂亮，突出跳绳运动的特点，遵守礼节 |

# 参 考 文 献

［1］杨文轩，等．体育原理［M］．北京：高等教育出版社，2004．
［2］吴寿枝，等．大学体育与健康教程［M］．北京：北京体育大学出版社，2011．
［3］邹师．大学体育健康教程［M］．北京：北京体育大学出版社，2011．
［4］林少娜．大学生体育与健康［M］．北京：北京体育大学出版社，2006．
［5］钟启泉．体育与健康课程与教学论［M］．杭州：浙江教育出版社，2003．
［6］张裕中，杨志友．大学体育与健康［M］．北京：北京理工大学出版社，2017．
［7］孙维增，李健宁，龚剑．新编大学生体育与健康［M］．北京：北京理工大学出版社，2016．
［8］杜志锋，等．体育与健康［M］．北京：北京理工大学出版社，2016．
［9］崔龙，尹林．新编高职体育与健康［M］．北京：北京理工大学出版社，2013．
［10］孟光云．大学体育教程（修订版）［M］．北京：北京理工大学出版社，2005．
［11］高立庆．高职高专体育与健康教程［M］．北京：北京理工大学出版社，2015．
［12］江必纯，等．大学生体育与健康［M］．长沙：国防科技大学出版社，2008．
［13］戴俊，等．大学体育与健康教程［M］．西安：西安交通大学出版社，2015．
［14］袁建国．大学体育与健康教育教程［M］．西安：西安交通大学出版社，2016．
［15］陈黎，张剑光，赵亮．大学体育健康教程［M］．西安：西安电子科技大学出版社，2012．
［16］体育运动学校体育保健学教材编写组．体育保健学［M］．北京：人民体育出版社，2001．
［17］姚鸿恩．体育保健学［M］．北京：人民体育出版社，2003．
［18］谭思洁．体育评价与运动处方［M］．天津：天津科学出版社，2005．
［19］全国体育院校教材委员会．田径运动教程［M］．北京：人民体育出版社，1999．
［20］田麦久．运动训练学［M］．北京：高等教育出版社，2006．
［21］孙民治．篮球运动教程［M］．北京：人民体育出版社，2001．
［22］张瑞林．足球运动［M］．北京：高等教育出版社，2005．
［23］全国体育院校排球教材小组．排球［M］．北京：人民体育出版社，1992．
［24］刘丰德，等．乒乓球［M］．北京：高等教育出版社，2010．
［25］陶志翔．乒乓球技巧［M］．北京：中国社会出版社，2005．
［26］朱征宇，等．网球　乒乓球　羽毛球［M］．广州：广东高等教育出版社，2003．
［27］张勇，等．羽毛球［M］．北京：北京体育大学出版社，2003．

[28] 彭美丽. 羽毛球技巧图解 [M]. 北京：北京体育大学出版社，2004.
[29] 王彦英. 网球 [M]. 北京：北京体育大学出版社，2012.
[30] 浙江省高校体育教材编委会. 网球 [M]. 杭州：浙江大学出版社，2002.
[31] 中国武术教程编写委员会. 中国武术教程 [M]. 北京：人民体育出版社，2003.
[32] 刘卫军. 跆拳道 [M]. 北京：北京体育大学出版社，2009.
[33] 中国跆拳道协会. 中国大众跆拳道教程 [M]. 北京：人民体育出版社，2009.
[34] 跆拳道 [DB/OL]. https：//baike.so.com/doc/4218272-7573053.html.
[35] 中国跆拳道协会会员网站 [DB/OL]. http：//www.chntkd.org.cn/.
[36] 国家体育总局职业技能鉴定指导中心组. 跆拳道 [M]. 北京：高等教育出版社，2010.
[37] 梅雪雄. 游泳 [M]. 北京：高等教育出版社，1999.
[38] 陈武山. 游泳运动教材 [M]. 北京：人民体育出版社，2006.
[39] 北京体育大学游泳教研室. 游泳 [M]. 北京：北京体育大学出版社，2003.
[40] 王洪. 健美操教程 [M]. 北京：人民体育出版社，2001.
[41] 海瑞莎（Heriza N）. 瑜伽医生 [M]. 陈璐，译. 广州：花城出版社，2009.
[42] 马丁·柯，布鲁克·布恩. 哈他瑜伽 [M]. 春光明，影译. 哈尔滨：黑龙江科学技术出版社，2009.
[43] 洪光明. 瑜伽，这样练就对了！[M]. 桂林：广西师范大学出版社，2008.
[44] 苏西·赫泰尔·奥尔德斯（Susi Hately Aldous）. 解剖与瑜伽体式——预防瑜伽损伤 [M]. 马海燕，主译. 北京：人民卫生出版社，2009.
[45] 矫林江. 办公e族的瑜伽必修课 [M]. 北京：中国纺织出版社，2009.
[46] 李茹，朱波，李伙强. 高职体育与健康课程 [M]. 北京：北京工业大学出版社，2017.
[47] 林琳. 国际瑜伽进阶教程 [M]. 香港：中国文化出版社，2010.
[48] 李文记. 校园舞蹈类及花样跳绳教学与案例 [M]. 北京：北京体育大学出版社，2016.
[49] 彭远志. 炫酷运动 花样跳绳 [M]. 重庆：西南师范大学出版社，2012.
[50] 杨小凤. 花样跳绳 [M]. 上海：上海教育出版社，2018.
[51] 刘树军. 花样跳绳 [M]. 北京：高等教育出版社，2013.
[52] 中国跳绳官网 [EB/OL]. http：//www.rspc.net.cn.